简单恋爱学

TO
FALL IN LOVE
SIMPLY

左右◎著

四川人民出版社

图书在版编目（CIP）数据

简单恋爱学 / 左右著 . -- 成都：四川人民出版社，2018.4（2023.9 重印）

ISBN 978-7-220-10686-6

Ⅰ . ①简… Ⅱ . ①左… Ⅲ . ①恋爱－通俗读物 Ⅳ . ① C913.1-49

中国版本图书馆 CIP 数据核字 (2018) 第 013652 号

JIANDAN LIANAIXUE

简单恋爱学

左右　著

责任编辑	邹　近
特约编辑	卢倩倩
封面设计	新艺书文化
版式设计	程海林
责任印制	李　剑
责任校对	韩　华
出版发行	四川人民出版社（成都三色路238号）
网　　址	http://www.scpph.com
E-mail	scrmcbs@sina.com
新浪微博	@四川人民出版社
微信公众号	四川人民出版社
发行部业务电话	（028）86361653　86361656
防盗版举报电话	（028）86361653
照　　排	程海林
印　　刷	北京晨旭印刷厂
成品尺寸	145 × 210mm
印　　张	8
字　　数	158 千字
版　　次	2018 年 4 月第 1 版
印　　次	2023 年 9 月第 4 次印刷
书　　号	ISBN 978-7-220-10686-6
定　　价	45.00 元

如何让女性对你一见钟情？

如何与女性进行能引起她兴趣的聊天？

如何与女性进行亲密约会？

如何实现双方的感情升级？

……

一切答案尽在《简单恋爱学》！

前言

男孩！我懂你们在想什么

小刘，男，28岁，某网络科技公司主管，从小城镇来沪，因工作努力收入节节上涨，目前准备买房，喜欢隔壁公司的前台。

小李，男，26岁，实习医生，从三线城市来沪，在帮助老师整理卷宗文档时，喜欢上了行政科新来的女孩。

小彭，男，28岁，某品牌手机技术工程师，重点大学毕业，喜欢家里介绍的一个同乡女孩。

小赵，男，23岁，某快递公司调度员，初中毕业，最近喜欢上了隔壁服装店的一个女孩。

小王，男，25岁，某水果连锁店配货员，高中肄业，喜欢水果批发市场的一个女孩。

……

此外，还有汽车修理工、电工、电焊工、律师、会计、公务员等。

他们都是中国男性中的普通一员，也都有自己喜欢的女孩。接下来，会发生什么事呢？大家可能以为我会说，他们跟喜欢的女孩表白，女孩接受，然后他们有了女朋友，之后开始了幸福快乐的生活。

其实，真实情况是，以上几位男士，不管家庭、工作、收入、学历有什么不同，追求女孩的结果却都一样，即在接触了喜欢的女孩后，女孩要么不冷不热，要么爱答不理。甚至，有些人把女孩惹烦了，被女孩“三黑”（微信“拉黑”、QQ“拉黑”、手机“拉黑”）。

他们的问题，相信你也可能遇到过。我在下面列出了男性恋爱中常见的 12 个疑惑。你可以对照一下，看看里面有没有自己的疑惑。

1. 为什么女孩会说“你是个好人，我不想伤害你，我们还是做朋友吧”？

2. 为什么她们不看男人的内在，不给经济条件较差的男孩机会?

3. 为什么有钱才能有爱情，有女朋友?

4. 为什么女孩说“这跟钱无关，跟房子无关，这是人的问题，你根本不懂”？

5. 为什么总是没有聊天的话题?

6. 聊天时，女孩对我总是不冷不热的，这是怎么回事?

7. 女孩跟我聊得很好，可就是不出来和我约会，这又是怎么回事?

8. 我们聊天都一年了，为什么她还是不同意当我女朋友?

9. 她什么都跟我聊，可就是不让我当男朋友，为什么?

10. 终于有约会的机会了，我好好表现，是不是就可以通过这个约会确定我们的关系呢?

11. 我们约会了三次，感觉都很好，为什么她突然提出不合适，说还是做朋友?

12. 我为了追她做了那么多事，为什么她还是不同意做我女朋友?

以上问题，是不是让你深有感触，而且会一次又一次地刺痛你的心？那么，你想解决这些问题，成功地迈入恋爱生活么？如果想，就翻开本书吧。它们在书中都会得到一一解答。

目录

第*01*章

幼稚想法是男人恋爱的拦路虎

第*02*章

如何做才能让女性对你一见钟情

第03章 让女性最感兴趣的聊天话题有哪些

第04章 魔鬼约会，用脑用心，不断把她约出来

第05章 天使约会，主导你和她的亲密关系

第06章 如何实现双方的感情升级

第07章 恋爱中有哪些不懂就出局的细节

第 01 章

幼稚想法是男人恋爱的拦路虎

恋爱，恋的是世俗生活。凡是认为恋爱是不该掺杂其他想法的，都是不可取的。男人要想顺利恋爱，就要抛弃类似的幼稚想法。⚜

恋爱，恋的是世俗生活

当一个男孩开始想追一个女孩的时候，女孩不仅要看男孩会不会照顾她，还要看男孩是否有对未来生活的计划，因为这直接关乎今后家庭生活质量的好坏。

有人问过我一个问题：“左右老师，您辅导的最奇葩的学员是哪个？”

我回答：“不能用‘个’来统计，这应该是一个非常大的群体。我们都是普通人，生活在世俗社会里，可很多男性总是抛开世俗，站在一个非物质的角度单纯地谈爱情，而且还认为自己这样的‘纯洁’才是爱情。”

请问：

哪种爱情可以离开食物？

哪个约会不需要吃饭、坐车？

哪个男女不需要上班、工作？

哪个爱情中的痴男怨女不是父母养大的？

哪个女孩在恋爱时不是像电影《大话西游》里的紫霞一样希望自己的男人有踩着七彩祥云的本领？

我们明明活在世俗生活里，吃喝拉撒、衣食住行、油盐酱醋、父母孩子都是一个男人长大后必须承受的现实，必须扛起的责任，可很多男性就是不愿意张开眼睛看看真实的世界，总是抱怨别人把爱情搞得太物质、太虚荣。

请问男人：

你愿意你的孩子出生在出租屋里，让他从小就和你一起漂泊吗？

你愿意你的老婆天天跟着你风里来雨里去地生活吗？当初，你不是发誓不让她受一点苦的吗？

你愿意你的老婆天天跟你吃“泡面”吗？当初，你不是发誓不让她流一滴眼泪吗？

你没发现你所说的“虚荣”“物质”的女孩，最后嫁的人并不是大富大贵的千万富翁，而是一些能够负担得起衣食住行、油盐酱醋的普通人吗？这些女孩不过是想过好一点的生活而已。你连买手机都知道要挑最好的，何况女孩是找要一起生活一辈子的老公。

自己没有能力就别去埋怨别人！

男人——到底是别人把爱情搞得太物质、太虚荣，还是你太幼稚、太没用了？

只会抱怨而拒绝面对现实，并且拒绝成长的男人群体里，有你吗？

下面是我接触到的一个真实的案例。

一位男士给我打电话咨询情感问题，我们姑且称他为A君。

A君：您好，我是在别人那里找到您的电话的，我想问一些情感问题。

我：好，请讲。

A君：我朋友给我介绍了个女孩，到现在有两周时间了。中间，我们聊过几次，也见过一次，然后她就对我不冷不热了。这不是快过年了吗？我家里催得比较紧，我想在过年前把我们之间的关系赶快确定一下。这样，过年时她就可以到我家来了。您有什么办法吗？

我：办法可以慢慢想，咱们先说女孩的态度。对你不冷不热，其实已经说明了一切：人家女孩要么就是对你不满意，要么就是还在犹豫中。无论是哪种情况，她都没有快速确定恋爱关系的想法。所以，你想赶快确定关系是不现实的。女孩的想法估计恰恰跟你相反，快过年了，时间紧，事情多，想过完年再考虑这件事。

A君：这可不行，我家里催得很紧。您说，要不我明天去找她，跟她摊牌？行就行，不行就算了。

我：你家里催得紧，关人家女孩什么事？你父母催你结婚，是女孩造成的？这女孩欠你们家一个老婆，所以快过年了，你要去“催债”？然后，你就把自己的压力直接扔给女孩，让她替你承担？你父母催你，你就去催女孩，只因为她正好在这个时候认识你了？这样的想法太不可理喻了。你去摊牌，女孩肯定会拒绝你。

A 君：那我不去找她，她也不来找我。我找她，她就说她很忙，但是她的朋友圈更新的都是出去玩的信息。有时间出去玩，没时间见我？

我：她只是见了你一面，没跟你签合同，也没签卖身契，她是自由人，想做什么就可以去做什么，为什么非要来找你呢？你给我一个她来找你的理由。别告诉我，因为你喜欢她，所以她必须要找你。你又不是皇帝，你喜欢什么关女孩什么事？女孩喜欢什么也不用你管，你和她只是见过一次的陌生人而已。

A 君：那我怎么办？这样下去，不就要分手了？

我：你们都没有恋爱，哪儿来的分手？女孩又没答应做你的女朋友，甚至都没跟你再见面约会。你都没恋爱，怎么会用“分手”这个词？回归真实，不要幻想。先冷静地面对现实，我才能帮你。

A 君：其实，我也感觉到她是不愿意的。但是，我们真的很合适。她家的情况我都了解，我家跟她家都是经济条件一般的家庭。她现在朋友圈的生活我很不喜欢，又是滑雪，又是旅游的，她家的生活条件没有这么好，我很想劝她做人要实在点儿。

我：你的这些认为，真心的，跟女孩一点儿关系都没有。

你认为你们很合适，这是你的想法。女孩也是个成年人，她也会思考，她现在的反应就是感觉你们不合适。为什么呢？因为她现在想要过更好的生活，这点从她滑雪、旅游可以看出来。女孩的家庭经济条件不好，但是没有法律规定经济条件不好，就不能去享受更好的生活吧？滑雪场是对所有人开放的，你想去的话，也是可以去的。你说你"宅"、你不敢去，所以跟你有关的人都不准去吗？如果你的表妹去滑雪，你会认为表妹不实在吗？

你说女孩做人不实在，是谁给你权力去评判一个人的人格的？如果女孩说你做人太老土，你愿意吗？正是因为女孩家的经济条件不好，她想改变自己的生活，所以她去旅游增长见识，去交朋友拓宽自己的人际关系圈，这些是她努力上进的表现。只是因为不符合你做人"宅"的特性，所以要被你批判？你是"道德判官"？

其实，你们真的不合适。女孩因为家庭经济条件不好，就积极想办法去改变自己的生活状态；你却因为家庭经济条件不好，就认为大家都要继续过很差劲的生活，谁改变、谁提升，谁就有问题谁就虚荣和物质。你们的思维方式都不在一个层次上，所以是真的不合适。

A君：可我感觉她挺适合我的，我很喜欢她。

我：你站在对方的角度想过这个问题吗？她是一个活生生的人，有自己的喜怒哀乐，有自己的要求，也需要一个优秀的伴侣，你达到她的标准了吗？你是她眼中那个优秀的男人吗？如果你们真的交往了，她能从你那里得到什么？只要她持续让自己优秀，对她说“我喜欢你”的优秀男生会越来越多，她为什么要从那么多男生中选择你呢？

A君：可是我喜欢她，我爱她是真心的。

我：一个女孩非常喜欢你，她爱你是真心的，但她长得并不漂亮，甚至有点难看，你能接受吗？

A君：我不要。

我：她很喜欢你，她是真心爱你的啊！你也不要？

A君：不能要啊！

我：你不是一直在强调“真心爱她”的重要性吗？现在有一个“真心爱你”的，你却不要。现在明白了吧？恋爱，首先是女孩能不能看上你，如果看上你，她才会需要你的“真心”；看不上你，最多会给你发张“好人卡”。同样地，你看不上不漂亮的女孩，即便这个女孩有着全世界最真的“真心”，你也不会答应的。这就是人性。

A君：可我真的喜欢她。

我：按照你的逻辑，你喜欢别人，别人就要很在乎你的想法，并且满足你。如果你有个表妹，我是不是只要跟你说，我很喜欢你表妹，很爱她，你的表妹就一定要做我女朋友了呢？

A君：这不可能，没有人会答应。

我：如果现在你不符合女孩的择偶标准，你应该做的就是先改变自己，让自己达到女孩的择偶标准，需要去考虑和女孩交往后，女孩能够从你这里获得什么。若不去提升自己，只知道一味地对女孩说“我喜欢你，求你做我女朋友吧”，请问谁会因为可怜一个人而去施舍爱情呢？这样的做法只会让女孩感觉你很幼稚。

A君：那她还能遇到一个跟我一样喜欢她的人吗？

我：这女孩只要让自己持续漂亮，喜欢她的人会越来越多。毕竟她是个女孩，再加上她的交往圈子不停地扩大，会遇见那些公司的主管、经理，那些去滑雪、旅游的男人，她可选的男性也会越来越优秀，所以跟你一样喜欢她的人也会越来越多。

A君：那些男人有钱出去旅游，肯定都很花心，我怕她被骗。

我：你是怕有人跟你抢吧？你还想说你不花心？

按照你的逻辑，有钱就花心，你是心里已经准备好了，一旦有钱就要花心呢，还是准备一辈子过穷苦的日子？还有，你一没恋爱，二没结婚，你说你不花心，我们怎么相信？

A君：我……

我：至于她被骗不被骗的问题，两个星期前，你们不认识的时候，你会担心她被骗吗？不会。你根本就不会管她。

现在，因为认识你了，女孩就好像是属于你的了，你就担心她被骗的问题了，怕别人抢你的“玩具”吗？那就让自己更优秀，在竞争中胜出啊！

骗不骗，这个问题是女孩父母需要思考的，你这个外人就不要操心了。

A 君：那您的意思是我就什么也不做？

我：如果你在这段时间里惦记着如何投机性地去推进你所谓的恋爱关系，或者摊牌，我劝你不要做，没意义，肯定会失败。但如果你问我，为了以后恋爱顺利自己该做些什么，我告诉你需要马上行动——找出女孩没看中你的原因，然后开始着手改变。你改变调整后，可以重新约她。注意是改变调整后，如果没改变就不要约了。

A 君：那我重点改变什么？

我：你必须放弃“道德判官”的思维，接受“世俗思维”，这样才能让女孩感受到你的成熟。具体来说，就是从待人接物、说话办事到思考问题都要“世俗化”。我们毕竟都要吃饭、喝水、上卫生间，别把自己放到高高在上的位置上。

其实，A 君的问题很典型。他只是一味地强调自己对女孩如何满意，害怕失去女孩，却没有意识到一个问题——恋爱，恋的其实就是世俗生活。

家里催得紧——这个说辞很多男孩都挂在嘴上，而且都说得正气凛然。现实却是你父母催你催得紧，跟人家女孩有什么关系？女孩跟你相亲见面，你就想去催女孩跟你恋爱，女孩欠你一个老婆？你家催婚的事是你的压力，不要像个小孩一样，见到女孩就着急把压力扔给人家，这是很幼稚的做法。女孩不选择你，是因为真的不合适。总用“她不答应，我有什么办法”这样的理由来搪塞你年纪渐长的父母，你不感觉丢人吗？不是女孩不答应，而是因为你还不够好，她——看不上这么幼稚的你。

做人要实在——这句话也被很多男孩拿来抨击女孩的生活方式。这些男孩认为，咱们都是一个地方（城市/镇子/村子）的人，你家里什么样我都知道，你就是个村里（小地方）出来的姑娘，你凭什么去滑雪、旅游啊？你就要跟我这样村里（小地方）出来的小伙儿恋爱，老实过“宅”、土、差的日子才是对的。在这里，我对这种观点不予评论，只想问问那些来大城市工作的男孩们：你们来城里工作是为了什么？为了挣钱（相信很多人赞同）。挣钱的目的是什么？找老婆过上好日子（相信很多人也赞同）。既然如此，又凭什么不让女孩追求好日子呢？就因为自己能力不够没法立即改变生活，所以也不接受女孩的改变？遗憾的是，不接受也没用，女孩也是独立的个体，她可以自己选择。

在人类的世界里，只有婴幼儿靠哭闹和蛮不讲理的胡闹来达成自己的目的，而成年人想要什么，那是必须靠自己拼搏的。恋爱也是如此。与其纠结于各种幼稚的想法，不如想方设法调整思维、提升自己，这才是靠谱的做法。

关于恋爱，男人需要改变哪些幼稚的想法

要想谈一场正常的恋爱，男人需要改变自己的一些幼稚想法。比如，恋爱是纯洁的，不该掺杂其他；恋爱也要节省，女孩不能虚荣爱钱……

幼稚想法一　恋爱是纯洁的，不该掺杂其他

很多男性，尤其是年龄较小或者恋爱经历较少的男性，在他们眼里，恋爱是一件非常纯洁的事情。他们的恋爱观念就是，这是一场神圣而纯洁的恋爱，只是一个男孩因为爱而跟一个女孩发生的自然感情，一切的外在因素都是不可以影响这场纯洁的恋爱的。

所以，当他们以这种“纯洁之心”去接触女孩时，女孩只要不同意或者提一点关于物质或生活方面的要求，比如挑剔他的收入、家庭等，他们就开始说女人都是爱钱的，女人都是物质的。在他们眼里，纯洁的爱情不能被物质玷污了，就算自己再穷、再

差劲，但是这份爱情是纯洁的，是具有神圣意义的，跟他们的收入、家庭等是无关的。女孩需要知道并重视这份爱，还必须要珍惜，否则就是侮辱他们的真心。

于是，我们会看到，女孩拒绝他们后，他们的反应极端而幼稚，甚至带着一种怨恨。这是不是一副婴幼儿的哭闹模样？

可是，男孩，不，男人，你必须想一想：如果她的父母真的把女儿托付给了你，你心仪的她成了你的女朋友或老婆，她要买衣服、买护肤品、买零食、买车、出去旅游等，这些钱都是你要负担的，而且是你必须负担的，因为这是你的女朋友或老婆要的，你要怎么办？

你不会只是想跟女孩谈恋爱，没想到其他事情吧？你的女孩是个活生生的人，她是要吃饭、花钱的，她是要买衣服、逛街的，她是要吃零食、出去玩的，难道你准备把她拴在家里？当然不行。一来侵犯人权，二来她也不会同意。这就又回到了“你要怎么办”的问题上。

关于这点，我想跟你说，我们都是人类，衣食住行是我们的基本需求，孝敬父母是我们的责任，教育后代是我们应尽的义务，这些都是一个男人 18 岁后就应该知道的。而且，这些都是需要钱的。婚后有了孩子，你要供养他到成年，同时你还得妥善地照顾双方父母。你不会只是想跟一个女孩恋爱，而等着别人帮你抚养孩子和照顾父母吧？

一个男人跟一个女人的爱情，是两个大家庭的融合，你的父母、她的父母都牵涉其中。当一个男孩开始追求一个女孩的时候，女孩不仅要看男孩会不会照顾她，还要看男孩的心里是否有对未来生活的计划，因为这直接关乎今后家庭生活质量的好坏。

这种对家庭生活质量的影响主要包括以下两个方面：

一是双方父母养老生活的保障，以及养老时候的生活质量（你不会只想追人家女儿，只想满足自己有女朋友的想法，而从来就没想过女孩父母的生活保障问题吧）。

二是未来孩子的保障，涉及孩子的教育环境、成长环境，孩子成长的地方，孩子要具备什么样的素养等（你不会仅仅想让她跟你谈恋爱，就没想过孩子的问题吧）。

上面两条你没想到还情有可原，因为是父母和未来孩子的事情，这些是“别人”的事情（有些人还会以“我爸妈离婚了”“我爸妈都没照顾我”等为借口，来证明这确实是“别人”的事情）。那未来你们的生活，你和你的女孩的衣食住行呢？不要说你都没想过。

如果之前真的没想过，那现在请你想想吧。你追求的女孩，不管是来自城市，还是来自农村，哪个不是家里的“公主”？她从小就在爸妈的呵护和宠爱中长大，从小物质满足，想买什么衣服就买，想吃什么美食就吃，甚至闹个脾气家里人都会宠着哄着……她从小就是要什么都能得到满足。结果，你开始追求她了，然后这个女孩的衣食住行竟然都不在你的考虑范围之内，你只要“纯洁”的爱情。女孩不跟你恋爱，下班可以去吃“汉堡”；

跟你恋爱后，只能吃“泡面”。女孩不想吃“泡面”而离开你，然后你说“女人都是爱钱的”“女人都是虚荣的”，这种废人式的抱怨，是不是很窝囊呢？

你总不能指望，你跟女孩谈恋爱、结婚，然后女孩家里还像以前那样继续宠着女孩，替你这个男人养着老婆吧？你能说因为你没想过恋爱还需要负责任吗？你是在跟别人家的宝贝女儿谈恋爱，你能扛起男人的责任吗？看看你这个蓬头垢面的样子，看看问你未来三五年生活计划就傻眼的模样，哪家父母会放心把女儿嫁给你？哪个女孩看到你这个样子会有安全感？

想想如何回答这些问题，你是不是惊出了一身冷汗？现在，你可以理解大四时候的女朋友为什么会和你分手了吧？因为她早早就明白了一件事：恋爱，恋的就是世俗生活。她会构想你们俩未来的生活，并做出相应的努力。而那时候你在做什么呢？是打游戏、睡懒觉，还是逃课，或者……

那么，你想改变这种现状么？想的话，就以你目前的能力为出发点做个计划吧：

如果女孩的父母生病需要照顾，你能否安排好一切？这里面包括住院看病的费用、护理费用、生活费用等。

如果孩子出生，孩子的奶粉钱从哪里来？

你准备让孩子出生在哪里？是老家田间的房子、大城市的出租屋，还是属于自己的家？

你的孩子以后接受什么样的教育？

三年后，你还是一个最底层的打工者吗？有没有想在你所在的公司成为技术骨干，或者升职成为主管？因为这样拿的工资会高很多。

我知道你看到这些后会灰心，你可能还认为我是故意的，那么你又错了，我不是来让你灰心的。恋爱是要牵扯物质的，但又不全是物质的。我见过很多女孩“裸婚”，也见过女孩陪着男孩吃了三年“泡面”，最后男孩学习上进、稳步成长，被提拔，他们一起度过这三年最难的时期，男孩让女孩一辈子不再吃“泡面”、衣食无忧的案例。

让你灰心失望不是最终的目的，我只是帮你把脑海里不切实际的幻想全部消灭。不管你现在收入低还是高，不管你现在穷还是富，都要有一个长远的人生计划。这个计划里要有她，要有家人，要有未来的孩子，要有学习，要有成长，要让女孩跟你见面后，从你的穿着、神态、举手投足、言语中看出你有好的未来。

女孩不讨厌吃苦，而是害怕跟你在一起五年、十年、一辈子都在吃苦。这些世俗的道理你必须懂。

幼稚想法二　恋爱也要节省，女孩不能虚荣爱钱

小王，学习后已经恋爱的学员。

学习恋爱前：月收入 5400 元。

学习恋爱后：月收入还是5400元（才学习了1个月。这1个月里，他既没有升职加薪，也没有跳槽）。

在收入没有变化的情况下，他恋爱了。今天，他来找我吐槽。

小王：左右哥，我想不明白，现在谈恋爱是不是非要花好多钱才行？女孩不知道省钱吗？非要去那么贵的地方约会，还总点那么贵的东西，今天约会花了我300多元。

我：按照你的意思，每次跟你约会，都在你租住的地方，然后陪着你吃泡面，再加个火腿肠，这才是约会的正确打开方式？

小王：您知道我不是这个意思，别调侃我了，就是能省点钱就好了。

我：我今天不跟你讲道理，咱们算个账，好吧？

小王：怎么算？

我：你约会的姑娘，一个月收入多少？

小王：6300元上下吧。

我：她多大年纪？

小王：24岁。

我：女孩今年24岁，假设这个女孩跟你结婚了，而且她能活到99岁，也就是还有75年生命。她60岁退休，退休前每个月都是6300元，那么你们还有（60−24）×12=432个月可以一起生活，这个姑娘在退休前跟你生活的期间一共可以收入432×6300=2721600（元），**这笔钱的一大部分会用到孩子教育、照顾父母，还有家庭建设上。记住，是用在你的孩子身上，最终受益的是你的家庭。**

就算她退休后收入减半，之后的总收入也有 100 多万。一个女人一辈子收入 300 万上下，大部分都用到你的家庭里了，这样你还认为，你约会一次花费 300 多元贵吗？

小王：这一算账真吓人啊！

我：女孩跟你约会又不是天天约，你们也就一个星期约一次吧？可能有时候还是两个星期约一次吧？一个月花在恋爱方面的费用，最多 1000 多元，少的话才几百元，你真的负担不起吗？而且，按照一般规律，大部分人恋爱一年左右就结婚了，又不是一辈子天天约会，一年几十次约会，真能让你倾家荡产？

小王：这个……这个……我知道了。

我：还嫌恋爱花钱多吗？想跟你抢女朋友的男人多着呢！要不，让舍得花钱的男人去跟她谈？

小王：不，我晚上带我女朋友吃牛排去。

一个已经听了恋爱课的恋爱中的男人，脑子里还在固执地计算着得失与收获，可见付出和收获感在男人的意识里是多么根深蒂固。

幼稚想法三　我收入比 ×× 多，女孩就该选我做男朋友

阿亮是小王的朋友兼同乡，也是他介绍给我的学员。最近，

阿亮遇到一个疑惑，就来请教我。

阿亮：左右哥，我想问一下，您认为在女人眼里多少钱算是有钱？

我：你哪里来的这个好玩的想法？

阿亮：左右哥，我跟小王收入差不多，家庭情况也差不多，您是知道的。奇怪的是，跟我聊天的女孩总嫌弃我没有钱，可小王的女朋友竟然不嫌弃他穷。我开玩笑问过小王的女朋友，如果换成我跟她交往，她竟然说，因为我人穷，所以不会答应。我很郁闷。

我：人家女孩说的没错，你就是人穷啊！

阿亮：小王每月比我还少拿300多元呢，我总比他好一点吧？

我：我说的是“人穷”，不是收入低，人穷——志短，你知道吧？女孩选择男朋友不是选择钱，你们才二十几岁，能有多少钱呢？能超过你们的父辈吗？很少有人能做到吧？

女孩大多看的是男孩在二十几岁没有钱的时候，怎么去选择自己的人生。

小王的收入是没有你的高，可他已经告别了男孩的状态。他以前跟你一样，上班、编程、加班、下班、回家玩手机、周末睡懒觉、吃饭就吃盒饭，天天跟睡不醒一样，土得掉渣地过了二十多年。

可现在的小王呢？早起跑步，神采奕奕地开始一天。中午不吃盒饭，找好的环境点自己喜欢的食物。他最近不是加入了个健身群吗？下班后如果不加班，肯定就去健身。周末去看画展和话剧，或者去爬山。我听说，他这几天准备去考个潜水证。

阿亮：他是有女朋友了才这样的。如果我有女朋友，我也这样玩，毕竟在谈恋爱。

我：他周末爬山和考潜水证书，可是他自己去的，跟他女朋友无关。而且，据我所知，小王本来就喜欢美术，他是第四次去展览中心看画展的时候遇到他女朋友的。是他先去看画，而后才遇到女孩的，可不是他有了女朋友才去看画展的。至于看话剧，是因为女孩喜欢开心麻花，所以他们才总去看的。

你跟小王是好朋友，你自己想想，是不是小王先改变后有的女朋友？花香蝶自来啊！

阿亮：左右哥，您说的是我们玩的不一样，所以女孩选择不一样，是吧？

我：应该是生活的不一样。女孩要的是一种生活，正常“90后”年轻人应该有的生活。“90后”男生必须明白“活”和“生活”的区别。

先说“活”。有空气，有水，有吃的，冻不死就可以活着。经济困难的时代，人们能有口吃的就很幸福。在物质生活丰富的当今社会，“90后”都已经长大成人，智能手机也更新了好几代，人们就不能再以能吃饱作为活着的目的了。而很多男生认为，我现在饿不死了，你应该跟我谈恋爱了，这样也是不妥当的。

再说“生活”。生动多彩地活着，去读自己喜欢的书，去学习自己需要的技能，去旅游，去远方看看，去学习滑雪/潜水，去徒步，去写作，去看演出，去听音乐会，去看画展，等等。

阿亮：可这些都需要钱，我现在没有这么多钱。

我：还记得上次听课来的那个做了6年电焊工的学员吗？

他当初跟你说的一样——“左右哥，这些滑雪/音乐会什么的，对我来说都没什么用，不适合我这样的普通人。我就是工厂的一名普通电焊工，一个在外打工的人，这样的生活在我这里根本不可能实现，我就想找个普通女人，不想过这么花哨的生活。”

还记得我是怎么回答他的吗？

阿亮：您说，一切都掌握在你的手里，你怎么认为，结果就是怎么样。

我：现在的他，一名普通电焊工，仅仅今年就已经去美国三四次了。

阿亮：就为了去改变生活方式？这也太奢侈了吧？他才挣几个钱？

我：他是去学习用电焊机做艺术品的。我鼓励他把他工作中剩余的边角料焊接成一个1米高的变形金刚，然后帮他在朋友圈推广了一下，卖了1000元。结果，他自己吓了一跳。他又用家里的破旧三轮车框架焊接了一尊火柴人版的自由女神，卖了3000元……

阿亮：这个还能挣钱？

我：去年过年前，他买了一辆报废的汽车，然后和几个朋友一起动手焊接了一个两米多高的变形金刚。本来想着赚一笔，结果买家嫌他们做的变形金刚太丑了，不想买。他们做了很多工作，对方才勉强买下。虽然没有赔钱，但是这件事让他倍受打击，不知道该怎么继续做电焊艺术。

我建议他去北京的 798 艺术区系统地学习一下机械艺术和金属艺术。他去 798 学习后，没多久就跟同伴成立了机械工作室，然后拿着赚的钱跑到洛杉矶和纽约去看雕塑了。

阿亮：真厉害。

我：你认为，他这样折腾下去，找个女朋友难吗？

阿亮：他这样精彩地活着，我要是女孩，我都愿意跟他恋爱一场。

我：可他在一年前还是一个在流水线工厂的打工者，一名普通的电焊工人。一切都掌握在你的手里，你怎么认为，结果就是怎么样。

你们都才二十几岁，年纪也不大，现在学什么都不晚。他就是一个高中毕业的 26 岁男人。以前，他固执地认为自己就是个电焊工。再过几年，我们可能要叫他艺术家了。他的收入还是个问题吗？

阿亮：那肯定挣大钱了。

我：咱们再说小王。如果小王拿到了潜水证，他回到你们所在的城市租个场地，教别人潜水考证，你认为有人学吗？

阿亮：应该有吧。

我：他兼职教别人的同时，再组织大家活动，去徒步、潜水，再加上卖潜水器材，你认为怎么样呢？

阿亮：这又成一门生意了，不过不好做吧？

我：人生在世，有什么事是好做的？为了做好变形金刚，人家都出国学习了，而你总想着有个一本万利、稳赚不赔的生意。真有这样的生意，你认为谁会让给你做？

阿亮：我懂了。我从明天起就开始跑步，我要跟以前的生活永别。

活着很简单，但是一天到晚混吃等死，或者遇到个女孩就去撩拨，这是一个男人应该过的人生吗？即便收入并不比别人少，女孩会拿正眼瞧你吗？如果这样的你和那位去美国学习雕塑的电焊工同时想找一位女孩聊天，这位女孩愿意选谁？也许你并不愿意承认，但事实就是这位电焊工让女孩更有聊天的欲望。他可以说他的创业经历，也可以谈他对艺术的理解，还可以说说是什么让他选择改变的。你呢？能聊什么？聊多想要一个女朋友，还是聊多想向女孩表白？

生活就是经历，就是你的故事，也就是你跟女孩聊天的话题。你说女孩虚荣爱钱，就好像自己有很多钱一样，看看你的银行账户有多少存款，值得女孩惦记吗？那些被你抱怨爱钱、爱虚荣的女孩，最后都嫁给了谁？她嫁的男人是千万富翁，还是亿万富翁？都不是。她嫁的男人也许是个创业者，背了一堆债，还没你存款多呢，可这个男人坚强；也许是个技术人员，长得还没你帅，就是月工资比你高两成而已；也许月收入还没你高，可这个男人知道如何配置自己的资产，早早地就买了房而已。女孩一点儿都不虚荣，她只是在挑感觉上最好的男人。你只知道抱怨，从没想过让自己更好，这就是被淘汰的原因。

幼稚想法四　女孩不给我机会，是因为我丑

“难道丑的人就不能谈恋爱吗？”一个小伙子理直气壮地提出了他的疑问。说实话，跟他问出同样问题的提问者，我真的见过很多。每次的提问者都是那么理直气壮，都是那么一副慷慨激昂的模样。有时候，我甚至会认为，我眼前的是一个准备为国家民族献身的英雄。其实，他只是一个为他的懒惰寻找道德上借口的普通人。

丑可以分为两种：

一种是曾经经历过灾祸等，造成面部毁容或者面部残疾；

另一种是因为打扮和穿着上的不注意，让自己看起来好像乞丐一样。

如果是第一种情况，那不是严格意义上的丑，而是外部伤害。这时，你需要做的就是找到自己的闪光点，并且把这个闪光点放大，去掩盖住自己曾经受过的伤害。比如，有位学员因为事

故双目失明，脸上也留下了一道深及骨头的疤痕，可他没有自暴自弃，在我的建议下去学习了中医盲人按摩，在中医院工作了一年半之后，跟另外一位盲人合伙开了一家理疗按摩店。目前，他们的第二家分店已经开业。这位学员不仅解决了自己的生活难题，还安置了13位残疾人到店里上班。公司的会计就是他的女朋友。如今的他拥有了新的人生。

这样的例子数不胜数，像“海豹人”尼克·胡哲、“渐冻人”霍金，还有张海迪等。灾祸、疾病不可避免，但每个人都可以选择自己想要的生活方式。这位遭遇意外的学员选择了坚强和创业，并在努力的路上收获了属于自己的爱情。

如果是第二种情况，我想说，丑是你自己造成的，不去打扮、不去改变穿着，你有什么资格抱怨呢？

也许，你会说：“说的简单，衣服那么贵，我没有钱买啊！她就不能看看我的内在吗？”

好，既然你提到了内在，我们就来先看一下。

请问你是哪所名校毕业的？牛津、剑桥、哈佛、哥伦比亚，还是国内的“双一流”？都不是吗？哦，你都没上大学，你说不能以学历来看你的内在，那我们看什么？

你有没有在同胞遇到危难的时候挺身而出，见义勇为？为受灾同胞捐款捐物呢？你有没有去扶贫济困？有没有帮助过别人？有没有参与义工组织？有没有扶老太太过马路？都没有！你说你让我们看的内在也不是这个。

那好，请问，你让我们看的内在是什么？

原来，你说的内在，就是你爱她，你想让女孩知道，你是多么爱她，你能给她幸福。这才是你内心里最重要的。

不好意思，她身边有 5 个追求者，每个男孩都是你这样的想法，每个人都说自己是真心的，你说自己是最真心的，怎么证明？除了每天看见你像跟屁虫一样天天要跟她聊天之外，我们还能看到什么？你不是发誓让她幸福吗？行动在哪里呢？是不是在吹牛？

你知道吗？从她 16 岁开始，就有男人追求她了，每个追求她的男人都是这一套。你也许是第一次发誓让她幸福的，她却已见过七八个了这样的了，结果没有一个人做到。现在，想追求她很简单。你不是发誓要让女孩幸福吗？那好，她想坐着自己的车在这个城市吹风，她想坐在自己家的阳台看书晒太阳，她觉得这样很幸福。来一个吧，“内在”君们！

怎么了？做不到？那要不要改变一下自己？

内在看完了，不知你作何感想呢？没想到光凭内在，也要付出这么多努力吧？现在，让我们再次回到外在形象上来吧。

你说你是因为没有钱才不注重穿着打扮的，但是不知你想过没有，你没有钱是因为谁呢？你一个大男人，有手有脚，不去学个手艺、学门技术，不去上学，不好好工作，整天就听见你抱怨这个贵，那个高，这个虚荣，那个物质，一会儿嫌弃打工累，一会儿嫌弃编程加班……端茶倒水做服务你不愿意，管理企业发展融资你做不来；让你学习充实自己，你说人家去参加学习是装高档；让你读书看报长点见识，你说你不愿意看这些跟你无关的东西；技术编程的活儿做不来，到工地又不愿意卖力气搬砖……年纪轻轻的小伙子活得好像行尸走肉一般，整天嘴里嚷着“我好迷茫啊”，见到女孩就两眼发亮。就算谈恋爱也期望有个什么技巧、方法，好让你躺在床上偷着懒，拿着手机就把女孩变成你的女朋友了。

其实，你根本就不迷茫，你根本就是做白日梦想发财，做梦娶媳妇。要真的想成功，你就要在一个行业里扎根，刻苦钻研。比如，你是位汽车修理工，可以通过努力让自己每年都在行业技术比赛中拿好名次。慢慢地，有了名气之后，你不仅会得到老板的青睐，得到物质上的丰厚报酬，还会得到女孩的欣赏。

幼稚想法五　女孩不给我机会，是因为我穷

穷人不配谈恋爱，本来就是个假道德之名的伪命题。

怎么来界定“穷”呢？要是跟马云比，估计全国 99% 的男人都是穷人了。要是跟“犀利哥”比，你肯定算是富裕的了。

可能你会说，我要跟我身边的人比，我就是没他们富裕，所以女孩不喜欢我，或者我女朋友离开我去找别人了，我要抱怨和鄙视。

那我问你，别人比你好，你可以通过努力超过他啊，嚷嚷有什么用呢？他比你富裕，那就是他有比你强的地方，你找到他哪里比你强，超过他就是了。如果对方因为会编程而挣钱多，你可以去学习编程；如果对方因为会外语而收入比你高，你也可以去学外语；如果对方因为开工厂收入高，你去他工厂打工，去学习就好……

道理很简单啊！

你说学习好累啊，那别人学习的时候不累吗？别人学习编程彻夜不睡的时候，你在期望动动鼠标在网络游戏里面找爱情；别人在早起晚睡地背单词的时候，你在看小说看得昏昏欲睡；别人在做生意因为高风险殚精竭虑的时候，你在一集集地追着电视剧，看着自己喜欢的电影……

大家的时间都是一样的，可最后你的同学、朋友走上了人生逆袭之路，你却不得不去远离家乡的工厂里打工。就算是到厂里打工，也是有人因为工作认真而升职加薪，有人浑浑噩噩一年一家工厂地换工作。

你当年为了跟女孩谈恋爱，发誓要让她过上好生活。一转眼，五年过去了，十年过去了，好生活在哪里呢？你赌咒发誓不让女孩流一滴眼泪，要让她幸福，你们恋爱几年了？女孩眼泪快流光了吧？一个男人三年、五年、十年一直与贫穷为伍，就真的不是配不配恋爱的问题了，而是思维方式出现了严重的问题。

我这里有个非常经典的例子。

两位高中就辍学的朋友一起去广州打工。开始，他们在同一家工厂工作。工作三个月后，A 嫌弃工作太累，挣钱少，就换了工作；B 也发现工作很累，但是他感觉，仅仅换个工作是不能解决收入低的问题的，他不知道问题在哪里，所以选择了留下。

B 留下后无意听到经理说要买房的事情。他想不明白，为什么年龄比他大不了几岁的经理能在城市买房。B 算过自己的收入，就算不吃不喝，他到了经理的年龄也买不起房。于是，B 请经理喝酒，讨教其中的秘诀。经理给 B 做了人生和收入规划。B 一下子忙了起来，下班后不再玩游戏，而是开始上网校，学习电气自动化课程和经济管理课程。此外，B 还每天关注财经消息，并经常跟经理商量如何理财。

一年后，在经理的推荐下，B 当了工段长，收入增加了，工作也更加努力了。同时，B 做的保本理财收益平稳增加。

两年后，B 被提拔为经理，收入更高，并且还拿到了公司的技术股份。同时，B 做的保本理财收益依然平稳增加。

四年后，已经成为公司骨干经理的 B，把理财的钱和自己的股份收入拿出来，付了房子的首付。他终于明白当年的经理是怎么成为有房一族的了。

有人问，A 呢？

A 离开工厂后，找了另一家工厂，比 B 每月多挣 300 元。

第一年 A 回家，听别人说南边的工厂更挣钱，就又换了工作。A 的第三份工作比第二份每月多了 200 元，A 每个月比 B 多挣 500 元，下班后跟大家一起喝酒吹牛，去网吧玩游戏，因为听说别人玩游戏找了个老婆。

第二年 A 回家，听一个老乡说送快递比在工厂挣钱多，于是 A 回到南方后开始送快递，每月比在工厂多拿 500 多元。A 很开心，可他发现 B 已经是工段长，他们两个的工资一样多。

第三年 A 回家，老乡们听说送快递挣钱多，大家商量着都去送快递。春节后，由于快递员太多，每个人分摊的快件数量锐减，A 感觉自己的收入直线下降。B 在微信里让 A 做保本理财，做定投，并且给了 A 一些课程和书。A 感觉这些没有电视剧好看，没有游戏好玩，没有兴致看，但 A 感觉 B 开始陌生了。

第四年 A 回家，听说 B 在城里买了房子，A 很震惊，因为 A 又要换工作了，现在送餐比送快递挣得多。A 不理解，为什么自己做了这么多工作还是没挣到钱，而 B 却当了经理还买了房子。

四年很快过去了，起点相同的两个人由于思维方式的不同，拥有了完全不一样的人生。当 B 已经开始安家立业的时候，A 连人生之路的门都没有摸到。现在社会上大部分男生都遵循着 A 的思维方式，女孩或者女孩的家人跟你一接触，就知道你未来十年都是 A 的模样，还怎么敢选择你？

幼稚想法六　你要等我，等我变成你喜欢的样子

“我不好我承认，那你等我变好啊，等我变成你喜欢的样子，咱们再恋爱。”客观地说，这是另一种幼稚的嚷嚷。在这里，我不讲大道理，只举两个例子。

例一：

你去一家4S店看车，发现这辆车不符合自己的要求，而且有点问题，没买就离开了。第二天，4S店打电话问你买他家车吗，你说他家车有点问题，不想买。然后，4S店开始天天给你打电话、发微信，并一直宣称：“我承认我们家的车有问题，那你等我们重新设计。等我们设计出你喜欢的车，你再来买，你不要买其他车了，等我们变好。”

这时候，你有什么感觉？是不是有种想骂人的感觉？我凭什么等你们家的车变好啊？我买辆车至少得花十几万呢！你们家不行，我去别家买就是了，别骚扰我了。

4S店电话、微信“狂轰滥炸”，回答你说：“因为我爱你。”——你是不是想打人了？

同样地，你去跟一个女孩相亲，女孩发现你这辆车，哦，不对，是你这个人，不符合她的要求，有点问题，然后女孩没有做决定。第二天，你打电话问女孩感觉如何，女孩回答觉得你这个人有点问题，她很犹豫。然后，你开始天天给女孩打电话、发微信，你说：“我不好我承认，那你等我变好啊，等我变成你喜欢

的样子，咱们再恋爱！”

女孩会是什么感觉？将心比心，你买辆价值十几万元的车尚且认真挑选，又是考虑质量又是考虑省油的（一辆车的使用年限也就 10 年上下）。女孩挑选的人生伴侣，还不如你买辆车？

再想想当女孩拒绝后，你用电话、微信“狂轰滥炸”，还“大义凛然”地说：因为我爱你啊……

你脸红了吗？

例二：

有人说，如果有一个女孩先当我女朋友，我绝对努力，绝对拼命挣钱。这绝对是一种幼稚又自私的想法。也许你会不同意，觉得难道就不允许别人变好吗？

完善自己，把自己打造成精品，肯定是没错的。不过，将心比心，如果你是一家企业的老板，你招募了一名员工，这名员工跟你说：“老板，你先给我发每个月一万元的工资，我现在就去学习技术。几年后我学习完毕，保证完成每个月一万元的任务。”作为老板，你会答应吗？你肯定会回答：“傻子才会答应。”可谈恋爱的时候，你却要求女孩等你变好，这是不是也是强人所难呢？

时间对于每个人来说都是很宝贵的，女孩子最美的时间主要集中在 18~35 岁。在这样宝贵的时间里，等一个男人成长，是件非常冒险的事情。万一等了几年，你还是没成熟、没变好呢？

（以现在部分男孩遇到点挫折就抱怨、就喊不公平的性格，变好对他们来说真的很难。）女孩等你这几年，如果你还是这么幼稚，女孩的青春还会回来吗？

你让女孩等你变好，那你说该怎么等？还有，万一你成功了，有钱之后就劈腿了呢？如果这个女孩是你的女儿或者姐妹，你会让她等一个这样的男人吗？你不会的话，别人就会吗？

幼稚想法七　我都做到这一点了，你就应该……

一日三餐，喝水呼吸，是正常人类都应该做的。吃了饭，喝了水，肯定是没人给发奖金的。那为什么在恋爱中有那么多男人，明明是自己应该做的却没做，女孩提醒也不听，挫败后做到了自己应该做的，却想向女孩要好处？

举个例子。一个男孩整天泡在网吧里，女朋友因为他泡网吧、不上进跟他分手了。然后，这个男孩为了挽回女朋友，不再去网吧了，可女孩还是不愿意搭理他。他很委屈："我现在都不去网吧了，还在上培训课，你怎么还不回心转意呢？我都改了啊，你怎么这么无情？"

其实，他就是没弄明白，不去网吧、努力上进、控制好自己的时间，是一个成熟男人应该做的。应该做的他没有做到，引发了分手。分手后，他只是把他应该做的努力上进、自制做到了，可他竟然想向女孩要奖励，而且这个奖励是最终结婚，是女孩的一辈子。是不是有种我喝水、吃饭了，别人还需要给我发奖金的感觉呢？

这种情况不仅仅存在于挽回感情时，恋爱中则更多。比如，对于一个二十多岁的年轻男孩来说，让自己的衣着整齐，干净大方一些，是不是应该做的？可你因为相亲偶尔打扮自己一次，竟然幻想着因为你换了件衣服，相亲这天很帅，所以这个女孩要跟你聊天恋爱！

对于一个二十多岁的年轻男孩来说，规划人生，为未来的孩子教育、父母养老做准备、做打算，是不是应该做的？而现实情况是，你连想都没想过，却想着让女孩先当你女朋友，然后才开始去想这些问题。

利用自己的收入未雨绸缪，为家人扩充更大的生存空间，抵御未来养老、医疗、通货膨胀的生活风险，是不是一个男人应该做的？

也许，有人会说，我喜欢的女孩是那种文艺女青年，她不喜欢过多考虑现实，不考虑物质，只是考虑如何让自己像风一般地生活。实话实说，这种女孩我见过很多，我甚至也遇到过，她确实很文艺、很浪漫。但是，她不考虑物质生活，并不代表她的男朋友也可以不考虑。等有一天她的父母需要看病住院的时候，如果你的口袋比她的还空空如也，那谁帮她解决了现实问题，她自然就会对谁好感倍增。最终，你会发现，即便是文艺女青年，她也还是要回归到现实。等她浪漫到想要结婚的时候，她一张嘴“我想要房前有树的房子”，你能用“咱们租房吧”来解决问题吗？

女孩也许可以天真烂漫一辈子，可以如诗如画地生活，而男人必须面对世俗的社会成熟起来，因为家里的柴米油盐酱醋茶，样样都是你需要承担起来的。

第02章

如何做才能让女性对你一见钟情

女性对男性的好感来自一见钟情。女性的一见钟情，钟的是男性的外形，情来自男性的内在修养。要想让女性一见钟情，男性就要外修形象，内修心态。⚜

恋爱是如何开始的

恋爱其实就是一个男性向一个女性索要繁衍下一代的权利时，通过所想、所说、所做给女性带来的舒服氛围和安全感受的过程。

这世间哪有什么爱情，压根不过就是生殖冲动！

——《围城》

说起恋爱，就不得不说一下动物的两大基本需求：食物和性。食物可以保证生存，而性能够传承基因，也就是延续下一代；二者一个保证了物种的存活，一个保证了物种的延续。

人类虽然是地球目前已知的智慧性最高的生物，但是仍然无法脱离动物的本质。具体来说，人类应属于高智慧的哺乳动物。所以，人类身上也带着动物的需求欲望：食物和性。人类与其他动物唯一的不同就是，人类会自控和克制原始欲望，动物则被原始欲望支配（比如猫叫春）。

重点来了。如果男性在和女性交往的过程中，不能有效地克制自己的欲望，控制自己的言行，很可能会被女性认为幼稚，进而很难赢得女性的芳心。

举个例子。小刘，男，28 岁，网络科技公司的主管，从小城镇来沪，工作努力，收入水平节节攀升，准备买房。喜欢隔壁公司的前台，前台小姑娘也跟他约会过一次。但是，小刘因为对方长得漂亮，为了快速达成恋爱目的，排除潜在的竞争对手，在约会中多次强行牵手、搂抱，以为这样就能让她接受自己的恋爱请求，结果被她直接拒绝。

小刘这种行为就是基于动物特性的一种表现。

既然是动物，就会求偶配对。通过小刘这个案例，我们可以清楚地看到，男性的恋爱观念，说穿了就是动物的欲望在控制大脑，以传承下一代的性行为为主要目的。所以，男性在看到美丽的女性时，会产生荷尔蒙的冲动，会产生占有的欲望，然后开始了求偶的行为。这就是我们所说的“去追某个女性”。这个求偶的过程和结果，就产生了追求和恋爱。

恋爱的含义，因为年龄大小、性别而有所相同，而有所不同。通常情况下，年龄越小的人，对恋爱的认知越简单；年龄越大，对恋爱的认知越丰富。

部分男性对恋爱的认知更趋向于直观的性需求。比如，有些男性认为，我就是要跟你谈一场仅有你和我的“纯粹”恋爱，不能牵扯收入、房子、家庭、工作、教育水平等，只要知道我是爱你的，你答应我就好。

男性单方面认为这样可以排除外部的所有因素，只因为“爱”而快速达成“性”目的，所以，男性看重恋爱中的实质接触——牵手、接吻、搂腰等。也正因为如此，男性在女性拒绝他后会说，女性都是虚荣的、爱钱的、物质的。

至于男人在恋爱中应有的责任、担当、勇气，乃至于恋爱的品质，恋爱以后的婚姻生活及家庭责任，会被有意或者无意地淡化，有些男性甚至根本就没有这方面的考虑，或者就从来没想过恋爱原来是要结婚的，家是需要他扛起来的，女性是需要生活的。他们谈恋爱只是为了有个女朋友而已，是基于雄性寻找雌性繁衍这一动物的规律。至于老婆、孩子和双方父母过怎样的生活，有怎样的医疗保障，有些男性是没想过的。这也是女性认为男性幼稚的原因之一。

同男性相比，女性更趋向于现实生活的需求。比如，她会思考以后的恋爱对象的为人处事水平，因为这将直接关系到她父母的生活品质，直接影响以后孩子的教育、生活品质和以后家庭的发展。女性更希望这个男性能和自己一起照顾父母、教育子女、打造家庭的未来，一起努力，一起让生活变得一年比一年更好。只有男性有了这样的思维意识和现实表现，女性才会将其作为选择的对象之一。

遗憾的是，目前的中国适婚年龄男性中，大部分男性要么单纯幼稚地不懂女性的需求，要么是故意逃避女性的需求，或者干脆对女性需求视而不见。只要结果，不想承担责任，也是女性说男性幼稚的原因之一。

其实，女性有这样的认知很正常。毕竟，在两大基本需求中，当食物这个最大的基本需求被满足之后，基于人类的本性，我们都想有更好的配偶去传承下一代，异性中谁更好，谁就会在“择偶大战”中胜出。因此，男性喜欢漂亮的女性，女性喜欢优秀的男性。这也造成了一种情况：只要不是在特殊年代，女性普遍就会在对自己有好感的男性中进行对比和挑选，谁更好，谁就能胜出。

这就如同你想挑选更好更省油的汽车、更好更快速的手机一样，女性也想要更优质的男性作为自己的伴侣。目前，我国正处在经济高速发展和人民生活富足的年代，这也使女性有了更大的选择余地。

不过，如果恋爱的男女年龄较小，他们对于恋爱的认知就和上面提到的有所区别。他们认为，恋爱是非常纯洁的，爱情应该像罗密欧和朱丽叶那样，浪漫、美妙。其实，罗密欧和朱丽叶相恋时，两人也只有十几岁。这也就是为什么很多恋爱从高中谈到大学都相安无事，一旦接触社会，只要男性表现幼稚，双方很快就会分手。

向我求助的小彭，他本人是重点大学的毕业生，才 28 岁就成了国内某品牌手机技术工程师，月收入过万元，同时家庭经济条件也不错。以他的条件，在大家的印象里，应该是很抢手的才对。可家里介绍的一个同乡女孩在跟他接触过几天后，明确拒绝了他。女孩说："我们不合适。你给我的感觉是虽然在上班，可本人好像还在上学。别人大四就毕业了，你却还需要上到大五、大六、大七。我要考虑父母和家庭的未来，你只是想找个玩伴和'小妈妈'。"

恋爱是什么？**恋爱其实就是一个男性向一个女性索要繁衍下一代的权利时，通过所想、所说、所做给女性带来的舒服氛围和安全感受的过程。女性通过是否舒适和是否安全来判断要不要选择这个男性**。

那么，也许你会问，怎么能让女性感觉舒适和安全呢？

能够让她对你一见钟情，是女性舒适感的最好体现。

女性的一见钟情，钟的是男性的外形

男性对女性一见钟情，钟的是女性的穿着、打扮及由穿着打扮勾勒出来的漂亮。女性对男性一见钟情，钟的是男性的外形。

案例一：

小彭来找我的时候，是他被相亲的女孩明确拒绝之后。这已经是第三个拒绝他的女孩了。他很苦恼，不知道为什么。

我们是视频连线的。在视频里，他向我大吐苦水。

小彭：左右哥，我很苦恼。我刚上班的时候，工资低，相亲的女孩看不上我、拒绝我很正常，因为当时的我穷。因此，我就决定暂时不谈恋爱，努力地提升自己的专业技术。几年下来，我从普通的技术员变成了受人尊敬的工程师，月薪也从 3000 元涨到了 1 万多。我不敢说现在有钱了，但是和其他同龄人相比，我的收入绝对不低，跟我相亲的女孩也没有一个比我收入高的，而且我年底还有分红什么的……可连续三次相亲，女孩都拒绝了我。难道我挣的钱还不够多？她们也知道我的收入情况，为什么还是对我这样的态度？您说，到底要多少钱才能让女孩愿意跟我相处呢？难道现在的女孩都是这样虚荣和物质吗？

我：你的这种情况很多男性学员都遇到过。你上面说的月收入和你的努力，这属于世俗的标准。首先，我能肯定你的世俗标准是达标的。只是，我想问你个问题：这三个女孩里面你看上谁了？

小彭：第一个见面的女孩，我没看上她，但是她也没看上我。后两个，我倒是看上她们了，但人家还是看不上我。我都跟她们聊过了，我每月的收入是一万多，还准备年底买房。不都说有钱有房就有女性喜欢吗？

我：那你能说一下，你为什么看不上第一个女孩吗？

小彭：没气质，个子矮，不太好看，还有些黑。

我：说白了，就是不漂亮，还个子矮，是吧？

小彭：差不多。

我：另外两个你看上的，我能不能理解为你认为她们很漂亮呢？

小彭：可以。她们都有乌黑的长头发，会打扮，而且身上还有香味，让人有一种特别舒服的感觉。

我：你好虚荣啊！女孩漂亮你就喜欢，不漂亮你就不喜欢。你怎么能这么虚荣，不去了解人家的内在呢？

小彭：这个……我都没看上她，谁也不能勉强我们交往吧？

我：你不仅虚荣，而且还很自私。女孩漂亮，满足你的标准了，你就喜欢；女孩不漂亮，没满足你的标准，你就不喜欢。

我想问一句，你都能选择，那为什么认为女孩就没有选择权呢？女孩也是人，你知道选择你喜欢的，那女孩就不能选择她喜欢的吗？人家不选择你，就是物质、虚荣？用你的话来说，也不能勉强人家女孩跟你交往吧？

小彭：这个我没想过。

我：只允许你选条件好的、漂亮的女孩，不允许女孩选优质的男性，这好像是“霸王条款”吧？况且女孩长这么大，认识你之前没吃过你一口饭，没喝过你一杯水吧？那人家跟你见一面，认识你后，没选择你，就要被你说物质、虚荣，是不是很冤枉？你这样是不是有些幼稚？

小彭：您不说，我还真没想过。

我：你现在不应该纠结于女孩是否物质和虚荣，因为虚荣和物质是人类普遍的毛病，你有，我有，大家都有。这是世俗的正常现象。你应该重点研究，为什么女孩们都没看上你。

小彭：有点了解，但是还有些疑问。您说的这些都是思维问题，这些问题我承认确实有。可我们才刚见过一次面，她都不了解我，就对我不冷不热了。那么短的时间，她凭着什么来判断我不适合她，这明显不是思维的问题吧？

我：对。其实，根本就不需要去了解你的思维，也不用跟你见面，只要看一张你的照片就可以。今天咱们视频一打开，我就清楚地意识到，按照现在女孩的选择标准，你是很难被选中的。

小彭：为什么？

我：丑！你给我的第一眼感觉就是丑！头发乱糟糟，身上的衣服一看就是在上学期间购买的，皱巴巴的，不合身，还褪色，跟“犀利哥”有一拼。

小彭：难道说相亲还要专门买贵的衣服吗？我不喜欢穿得花里胡哨的，我感觉那样很虚荣，过日子就要老老实实的，一是一，二是二。如果女孩仅凭衣服好坏来选择男朋友，她们是会被骗的。

我：你是个从事技术工作的工程师。女孩听介绍人说你很上进，很努力，是收入稳定的工程师，所以才来跟你相亲。但是，女孩见到你的真实形象后，发现你不修边幅，衣着破旧，怎么都没办法把你和一个上进的男人联系起来。上进的男人最起码要衣着得体，发型整齐，形象上过得去吧？

我并不是让你去穿奢侈品，只是让你做到跟你所在的城市大多数人看齐。如果你在上海，就要遵循上海的审美观；在北京，就要遵循北京的审美观；在铁岭，就要遵循铁岭的审美观。不能人在城市，穿着还好像是生活在农村老家的感觉。你都在上海工作很多年了，明明是做技术工作的工程师，可怎么看都不像。女孩看到你的形象之后，还需要了解你吗？估计会在怀疑介绍人骗了她吧？

现在大部分女孩都不知道自己想要找什么样的男性当伴侣。我在女学员中做过调查，她们基本上都不太清楚自己想要什么样的另一半，但是很清楚不要什么样的。不修边幅、衣着随便的，她们绝对不要。

你刚才说，你喜欢的女孩有乌黑的长头发，会打扮，身上还有香味，让人有特别舒服的感觉。看着不舒服，你就不会选择了，是吧？

小彭：是啊！看着顺眼，也很舒服。

我：如果女孩觉得看你不舒服呢？你的形象让女孩看不顺眼呢？

小彭：那……我外形不好，但是我爱她啊！

我：如果有一个女孩打扮得跟你一样不修边幅，见面后，你没看上她，她对你说，你不要看我形象丑，你只要知道我爱你就行了，我虽然很丑，但是我很爱你，我爱你爱到骨子里，爱你爱到一生一世，我爱你爱到可以把生命都给你。所以，你必须选择我这个丑女跟你过一辈子，否则你就是虚荣的、爱钱的、物质的。你会接受她吗？

小彭：这不就是神经病逻辑吗？看来，我错得离谱啊，有点道德绑架了。

我：你知道吗，这个姑娘之所以头发乌黑，是因为她去做了头发保养，做一次头发保养，最少需要两个小时；她打扮得漂亮，是因为她花费了大量时间去逛街，去挑选衣服，让自己变得漂亮；她闻着很香是因为她喷了香水，这款香水也是她花时间挑选的。这个姑娘又是挑衣服打扮自己，又是保养皮肤和头发，花费金钱和时间让自己美美的。她可不是要找一个不修边幅的人，而且这个人只会说“我爱你”啊！

小彭：……

我：说真心话，你的长相属于中上，打扮一番后肯定是型男一枚，但是你却把自己搞得这么乱七八糟的，白白浪费了这么好的长相……

小彭：我经常加班，没时间弄这些。

我：如果你喜欢的女孩要跟你约会，你有时间吗？就今晚。

小彭：我请假去约会。

我：跟女孩约会可以请假，找时间；打扮自己，让别人看着顺眼一些，就没有时间；你自己都看不起自己，还想让其他人看得上你？

如果这三个跟你相亲的姑娘，是你的亲妹妹，你会让她们跟你这样的人谈恋爱吗？即便你知道这个人月收入过万……

小彭：估计……不会……

我：为什么不会？

小彭：感觉这个男人穿得乱七八糟，不修边幅，生活肯定也不会好。另外，他家里也肯定很乱，或者有一堆麻烦事。一想到我妹妹要去这种又脏又乱的地方生活，就没法接受。

我：你不会把自己的妹妹往脏、乱、麻烦里推，你认为女孩的爸妈或者哥哥就傻吗？会把女孩推进去？

小彭：确实是这样，我该怎么办呢？

我：去完成我交给你的“作业”（想知道这个“作业”是什么的朋友，可以参照本章最后一节“形象建设”的步骤）。

案例二：

一位西安的学员来找我们时，提出了自己的两个疑惑。

第一个疑惑：

他是做高档装修工作的，经常来往于一些高档小区。甚至某些明星家，他都去做过装修，也算见过世面。

他工作努力，被老板看中后成了一名业务经理，负责见业主谈业务。由于这位学员家在农村，虽然很上进，但是对自己的形象不是很注重，经常搞得身上满是粉尘、泥土。

这天，正在工地上监工的他接到通知要去找客户谈业务。他没多想，直接从工地上就去了。客户开门看见一个“泥人”，当时脸色就不好了。他表明来意后，客户直接就说：“开什么玩笑？这几十万的装修和设计，你们公司竟然这么敷衍？随便派个人来，还灰头土脸的，你们公司到底尊重我们业主吗？我看我还是换别家吧！”

他：我知道脏兮兮地去见业主，让人家感觉我不靠谱是我的问题，可业主怎么能认为我不尊重他呢？我一直都是赔着笑脸的。

我：如果你去一家饭店吃饭，接待你的服务员一身鱼鳞和鸡毛，甚至还有血迹，但是他一直笑着跟你说话，你会怎么反应，会有什么感觉呢？

他：我可能会换家饭店。这家饭店有病啊，我是来吃饭的，怎么能派个衣冠不整的人来接待我，这么不重视我吗？我又不是掏不起钱。

我：你的客户也是这种感觉。他是要你们公司的对接经理去谈装修的，不是要一个工地的建筑小工。就算这个小工多么优秀，都跟客户无关。客户说的不尊重，是因为他感觉他想见的是设计师或者经理，可看见的却是一个泥瓦工。客户肯定心里感觉你们公司轻视他了，不尊重他了。对等产生尊重，在客户眼里，你这个满身是灰的人跟他是不对等的。

第二个疑惑：

他当上经理之后，月薪涨到了9000多元。家里人看到他事业有成，就帮他介绍相亲，结果却不怎么美好，相亲一次，失败一次。他是“丈二和尚摸不着头脑”，根本不知道是什么原因。还有一个女孩走的时候生气地跟他说，早知道他这么不在乎这次见面，她就不会打扮好才来见面，没想到他这个人这么不尊重别人，亏得介绍人把他夸到天上去了，真没素质。

我：跟你的客户一样，这个女孩也是感觉不对等。介绍人把你捧得很高，她满心欢喜地想见一个优秀的男人，专门打扮好了自己，让自己美美的来见你，结果却见了一个灰头土脸、脏兮兮的男人。女孩会感觉，这个男人要么就是不想来相亲；要么就是很差劲，介绍人夸大其词了。

他：那女孩为什么说我没素质呢?

我：这就牵扯到最基本的社交礼仪了，正确穿衣是一个成年人最起码的礼仪。

约会、见客户、参加社交活动等，穿衣服不能太土、太丑。

假如我们去一些比较正式的场合参加约会、相亲或社交活动，如请客，吃饭，看经典歌剧、舞剧（不包括流行歌演唱会、跳舞）、话剧，或去商厦购物，去师长家做客，去酒店餐厅吃饭，去购物中心购物（有名牌产品进驻的商场），去中大型饭店参加活动（如婚礼、会议等），一定要穿得考究一些。

这是因为，经营者（或者主人，或者女方）花了很多时间、很大力气营造了一个比较舒适的生活或约会环境，而作为参与者的我们，如果只顾自己的意愿而着装过于简朴和随便，甚至不修边幅，就会破坏别人精心营造出的氛围，会让对方感觉到我们不尊重人家。

其实，你知道吗?人家女孩打扮得漂漂亮亮的来跟你见面，她其实在内心里对你是怀有很大好感的，她也期待着你能让她第一眼就看上，对你一见钟情。可你……

比如，你用了十几天时间不眠不休设计的装修图纸，自己感觉很用心、很认真，而客户不过随手一翻就说不好，都没认真看一下，你是不是也会感觉到对方不尊重你?

他：是这个道理。我上次去见客户，还有跟介绍的女孩约会，是穿得太随便了。这是我的问题，应该穿西装的。但是，我经常在工地工作，咱们还有些学员在工厂里上班，您让我们天天西装革履的，也不现实啊！

我：当然不行了。不同的场合要有不同的衣服。你见过谁在健身房跑步穿着西服？谁又在跑马拉松时穿着皮鞋？去乡村、小镇或从事体力劳动、去工厂上班时，都要穿粗制的、朴实无华的面料制作的衣服，如牛仔、粗布、卡其布、劳动布、粗纺毛等，下班后洗澡换上休闲服再去约会就可以了。

还有，和女孩约会，无论是休闲、娱乐、玩耍都别太正式，最好参加比较放松的娱乐活动。无论是去 KTV、看电影，还是去休闲咖啡厅等，都不要穿套装、职业装或礼服。不说女孩，就你自己来说，你去唱歌、看电影的时候穿着工作服，灰头土脸的，自己感觉舒服吗？一身土去看电影是不是太奇葩了？你要根据需要穿休闲装，比如夹克、卫衣、板鞋、休闲皮鞋、时尚西装等。

尊重对方，尊重与对方约会的形象，这才是一个男人应有的基本素养。对客户、对异性形象的尊重是最基本的社交礼仪。

他：您说的这些我真没想过。

我：不仅仅是你，大部分男性都没想过。而没有“服装形象代表对别人的尊重”这种意识的男人，说明他没有社交礼仪的概念。

不懂这种礼仪至少说明了以下三个方面的问题：

第一，这个男人接受的教育有限。家人没有教过他社交礼仪，他本人所处的工作和生活圈子没有这样的社交礼仪环境，说明他所处的精神层次和生活层次不高。女孩是不会考虑跟一个有着这样家庭背景和生活背景的人恋爱、结婚的。

第二，这个男人可能根本没有这样的想法。如果是男人没有社交礼仪这样的想法，就说明他在内心里跟孩子一样单纯又幼稚，女孩更不会跟这样的男孩恋爱了，因为她必须像妈妈一样教育这样的男孩。女孩谈恋爱要的是男人，可不是小男孩。

第三，这个男人不懂社交礼仪，也可以说明这个男人很自私且不上进，只活在自己幻想的世界里，而逃避了现实生活。工作和生活都是一团糟，他自己可能还视而不见，还在做着白日梦。

他：我属于哪一类？我也不讲究形象。

我：你来之前，属于第一类和第三类。

他：是的。我以前总是幻想成功，总是很迷茫，很压抑。来学习之后，您一直督促我少点幻想，多点行动，多点改变。

我：所以，你现在才会重视客户和相亲女孩不满意你形象的问题，换作以前，你是不是就这样让这件事情过去了？

他：说不定，我还会骂相亲的女孩虚荣，骂我的客户无理取闹，其实都是我自己的问题，是我先不尊重别人的。

我：现实社会很多男性就是这样，明明自己有问题，却去骂别人。一见钟情“钟”的是外表，“情”来自我们的修养。

他：终于懂了为什么我总被女孩说幼稚了。

后来，他又参加了三场相亲。每次约会前，他都会跟我聊一下准备去的地方，以及他的穿着。相亲结果是三个女孩中有两个对他表示了好感，表示可以再深入地了解一下。其中一个女孩还说："你跟我之前相亲的男生不一样，很有男人味，不招摇也不土气，感觉很舒服。"

一见钟情，在很多男性的意识里，"钟"的是情感。其实，第一次见面，那种喜欢不喜欢的感觉，还不是由我们的第一眼、第一印象造成的？

我们对女性一见钟情，"钟"的是什么？

比较内敛点的答案：钟情女性的内在、善良、气质等。

真实的答案：钟情女性的穿着、打扮及由穿着打扮勾勒出来的漂亮。

当一个女性的外在都没法让你眼前一亮，她有什么内在你会注意吗？男人是人，女人也是人，你看女性打扮漂亮、衣着美丽，你喜欢她。这个世界是公平的，请问，她是不是也要选择你的外形呢？答案肯定是，女性也要选择。

自然界里这种例子还少吗？比较典型的就是孔雀开屏求偶。春天是孔雀产卵繁殖后代的季节。于是，雄孔雀就展开它那五彩缤纷、色泽艳丽的尾屏，还不停地做出各种各样优美的舞蹈动作，向雌孔雀炫耀自己的美丽，以此吸引雌孔雀。待到求偶成功之后，它便与雌孔雀一起产卵育雏。

所以，一见钟情到底钟情什么？从外形来说，就是钟情于一个人的发型、衣着、裤子、鞋子、手表等。而这些的标准就以你所在的城市的审美标准为基准。先让自己跟所在的城市审美一致，才能让在这个城市上班的女性对你有第一眼的好感。

给你一个标准：再去相亲和约会的时候，看你喜欢的女性是怎样的衣着打扮，你也必须跟她保持同一个档次的衣着打扮。她的衣服是什么品牌的，你必须穿得跟她档次不分上下的品牌男装。这才是公平，也是尊重。

女性的一见钟情，情来自男性的内在修养

女性对男性的一见钟情，情来自这个男人的内在修养，看他是否会换位思考，是否会尊重别人，是否会注意自己的言行举止。

女性的一见钟情，“情”来自哪里呢？来自这个男人的内在修养，看他是否会换位思考，是否会尊重别人，是否会注意自己的言行举止。

社会上很多男性都是活在自己幻想的世界里的，长时间的幻想让他们失去了基本的社交特性，因为不懂得社交礼仪，所以也不懂人与人之间需要互相尊重。他们的世界里有这样几种特性：

孩子抢玩具的特性——女孩打扮漂亮让我看到了，那就是我的了，我就要让她成为我女朋友。

投机幻想的特性——女孩跟我聊天了，那就是她对我有意思，我有机会成为她男朋友了，我要找个厉害的话题，让她喜欢上我。

孩子恋母的特性——跟谁说话都好像跟父母说话一样，说话不客气而且语气里面带着索要，还必须想要就得有。在他们的意识里，“我要你做女朋友你必须答应，因为我爸妈我要什么他们都给我”，丝毫没有考虑过女孩的感受。

不懂互相尊重，也就没有换位思考，他们没有想过，女孩也是一个拥有独立人格的人，一不是你的父母，二不欠你任何东西。所以，你向女孩要求她和你恋爱的时候，给她一个幼稚而又脏兮兮的小男孩当男朋友，而且这个男孩满脑子都是抱怨别人虚荣、物质，女孩是很难接受的。

你喜欢的这个姑娘，在她家里也是爸妈宠爱的“小公主”。你凭什么让一个“小公主”愿意来跟你恋爱？别的不说，最起码的尊重，是让别人看着顺眼的形象。邋邋遢遢不是性格，怨天尤人也不是个性，这只是幼稚的外部表现而已。

学员小李就是这种幼稚想法的受害者。小李，男，26 岁，三线城市的实习医生，在帮助老师整理卷宗文档时，喜欢上了行政科新来的女孩。他来找我，第一个要解决的问题就是，找女孩聊天，女孩不搭理他。他想找我教他怎么聊天，怎么找话题。

我：你很喜欢这个女孩，是吧？

小李：是的，她是我喜欢的类型。

我：你喜欢她，所以你想找她聊天。她也是个活生生的人，她也是会选择她有好感的男人去聊天的。

小李：那我可以通过聊天让她对我有好感啊！您不知道，我很爱她。

我：你爱她，跟人家女孩有什么关系？难道说你爱彩票，彩票站就要天天让你中500万？女孩又不是你家丫鬟，人家不缺你这个所谓的“爱”。你也不是王子，你喜欢什么没人关心的，除了你的父母。你应该想的是怎么样让女孩看上你这个人。

（我从电脑里找出一张图片）这个人认识吗？

小李：这是电影《情癫大圣》里蔡卓妍扮演的丑女妖怪。就是因为扮得像，而且丑，我记住了。

我：如果这个丑女妖怪要来跟你聊天，你愿意吗？

小李：她变成蔡卓妍的样子，我肯定愿意。

我：就是这个丑女妖怪，不会变，一辈子就这样，天天龇着牙跟你聊天。

小李：那不聊，这么丑！

我：她有全世界最牛的聊天技巧，全世界最厉害的聊天话题，全世界最厉害的聊天话术，而且，她很爱你，爱到骨子里。她想通过聊天让你喜欢她。

小李：不可能的，我都没看上她，根本不会搭理她。

我：话题和技巧、话术也没用了？

小李：这么丑，不可能。除非她变回蔡卓妍的样子，否则就是她有金子做的话题，我也不聊。

我：那你知道为什么女孩不搭理你了吧？

小李：额……可我没有这么丑吧，我感觉我的形象还行啊！

我：我还感觉我要中 500 万呢！（当然，是个玩笑。）来，咱们现在捋一捋思路。

小李：好的。

我：女孩和你都在医院里上班，对吧？

小李：是的。

我：那这个女孩能见到的男性，基本上都是医疗圈子的。你想一下，这个姑娘是不是天天都能见到在形象、为人处世等各个方面跟你一样，甚至超过你的人？

小李：对，我们科室就有比我强的医生，我是说外形。

我：这个姑娘不仅能见到你们医院的优秀男性，还能接触到来看病的优秀男性。这点你不反对吧？

小李：是的。

我：那你的优势在哪里？你说你自己的形象还行，可跟这个圈子里的男性比一下，你又如何呢？女孩的层次决定了她见到你这样的男性太普遍了，而你在这个圈子里并不优秀。当然，要跟普通的打工者比，你当然超出他们很多。可你会找一个普通的打工女孩吗？

小李：我都进医院工作了，不会找普通打工女孩的。可是，可是……我爱她啊！

我：我也爱她。

小李：你都没见过她。

我：你都不了解她。

小李：我了解她，她不是个花心的女孩。就是因为她单纯，我才爱她的。

我：其实，你是想说，“她不会去见我说的那些男人”，是吧？因为她很单纯。

小李：是的，她很单纯，不会像你说的那样，去接触那么多男人。

我：那我去见她呢，或者说我去追求她呢？她是个单纯的漂亮女孩，只要喜欢她这个类型的男人，见到她以后都会去追她。你总不能去跟女孩说，你别跟其他男人接触，只跟我谈恋爱吧。

小李：我……

我：你说你了解她，她穿多大码的鞋？

小李：……

我：我听你说过这个女孩单纯，如果我工作或生活的地方离她很近，我也去追求她，我也说我爱她。你们科室那个外形比你好的医生也知道她的存在了，也说爱她。然后，咱们三个同时加她微信，她会跟谁聊天？

小李：那我应该机会最小了。

我：你看，不能闭着眼睛假装这些竞争不存在吧？还有，你说“你爱她”，却连对方爱吃辣还是爱吃甜都不知道，连对方穿多大码鞋都不知道，你这“爱”说的是不是太幼稚、太肤浅了呢？

你想找一个聊天话题让女孩喜欢你，并不是基于“爱”，而是基于害怕和欲望。你想快速占有她，以便减少竞争，你害怕失去她。可重要的是，人家女孩都没有一点跟你交往的意思，你单方面为了“爱”上演了一场把自己感动得要死的独角戏。你是不是还有一句“大义凛然”的话没说？我要等她一辈子，因为我爱她。

小李：我确实想说等她一辈子的，但是家里催我结婚，我不能等她。

我：如果你不先来找我，是不是下一步准备天天找女孩说你怎么爱她，电话说完，微信说，甚至去她上班的地方去跟她摊牌？

小李：我想过，但是没做呢。

我：女孩跟你都没有约会过，莫名其妙的，她竟然要为一个男孩的一生感情负责了，你说她压力大不大，是不是只要正常点的人都会躲？而这件事的起因是，她跟你加了微信。原来，跟你加微信，就等于欠你个老婆啊？

小李：我没有这么说啊！

我：那你追着人家，非要跟人家聊天，像不像讨债的？本来，恋爱是双方互相选择的，你让她看上你，她不就跟你聊天了？她要选，也是选自己看得上的人去聊天的。

小李：我有点明白了，我该怎么做？

我：首先，要成为你的圈子里看着舒服的男性，跟你们科室里的那个医生一样。先完成外形上的调整，再来学习下一步怎么做。

小李：我知道，**外修形象，内修心态**。形象要跟目前的圈子看齐，先让她不管上班、下班，还是在医院外，看到我都是眼前一亮。

我：那就开始行动吧。

从上面谈话的结尾，我们不难看出，小李已经意识到了自己的问题。他不仅在形象上不合格，还对女孩不那么尊重。这种不尊重，一方面表现在以自我为中心，以为自己喜欢女孩，女孩就要喜欢他，并在女孩没有明确表示的时候试图和女孩摊牌；另一方面表现在不容其他优秀男性对女孩进行追求。

在他看来，恋爱的流程就应该是“男女认识—我喜欢她—找她聊天—找她表白—找她确定恋爱关系”。实际上，却并非如此。通常情况下，正确的恋爱流程应该是“男女认识—女性对男性有了好感—女性接受男性的聊天—接受男性第一次约会—再聊天—接受第二次约会—再聊天—接受第三次约会……牵手……—确定恋爱关系”。

我们再来看他和女孩的交往情况。原来只是加了微信，并没有深入的交流。在这里，真心要为微信和QQ喊冤！它们仅仅是通讯服务软件而已，它们的存在不过是起到实时联系的作用而已。

好在小李是很聪明的人，经过一番交谈之后，他已经能认识到自己的不足，并且能站在女孩的角度来看待问题。这就是“内修心态”的一个很好的开端。

让女性一见钟情，男性需要进行形象建设

要想让女性一见钟情，男性就需要进行形象建设。形象建设要分两步走：第一步，为自己建立一个形象档案；第二步，加强对自己新形象的塑造。

先问各位一个问题：现在是什么年代？

现在是 21 世纪，是个物质极为丰富的时代。任何款型的衣服、任何材质的衣服，甚至连你自己设计的衣服都能做出来。只有你想不到的，没有做不来的。可我们去看看这个时代的男性的穿着，不必去乡村和小城镇，就去北京中关村，去上海外滩，是不是能看到不少在穿着上跟父辈几乎没有差异的“90 后”男青年？这些男孩要跟看着时装剧或偶像剧长大的“90 后”女孩谈恋爱。更让人难过的是，这些男孩们接受的还是上一辈人的情感经验——不要穿那么花哨，对女孩好点儿，女孩就会喜欢你了……

他们被鼓动着去向女孩表白，“我发誓不会让你流一滴眼泪”。就这句话，你自己会信吗？他们去送礼物，用自己认为对的

观念去讨好女孩。其实，这些做法连你自己都不相信，更别说女孩了。

不少“90后”女孩的恋爱观念是要轻松、要快乐、要浪漫。一个“90后”的男孩穿着跟他父辈类似的衣服，跟一个看着偶像剧、期盼浪漫的“90后”女孩去相亲，结果会是什么？女孩期盼着浪漫的约会，男孩却想着躺家里拿着手机聊天谈恋爱。女孩除了说你是个好人，还能说什么？

虽然你不喜欢穿得花里胡哨，但是你的骨子里也嫌贫爱富。为什么说要注重自己的形象？人喜欢以貌取人是常态，不要说你是那个唯一的例外，从一件很简单的事中就能看出来。

比如说，有一个乞丐向你走来，你是什么感觉？脏、懒惰、贫穷等一切负面的词都已经用上去了。你从来没有鄙视过谁，也没有看不起谁。但在我提到“乞丐”这个词的时候，你还是把这些词自动地合在一起了。

如果我提到吴秀波，你的脑海里面是不是自动地出现帅、型男、有品位等一些正面的词语，并自动和他匹配了呢？这时，你脑海里面已经有了清晰的定位。

你是一个男人，连你的脑海里面都会有这样的定位，你认为女生的脑海里面会不会有呢？现在我们知道女生会有这样的形象定位，那么当女生看到你第一眼时，她会怎么想？是会把你和穷、懒、没品位等贬义词相结合，还是会把你和帅、型男、有品位等褒义词相结合呢？

弄清了这些之后，你就会发现你需要进行形象建设了。不管你有千百万个理由，女孩如果第一眼看不上你，你跟喜欢的女孩恋爱的概率就大大降低了。

第一步，为自己建立一个形象档案。

1. 写上你的年龄。

2. 在网上找一找适合你这个年龄穿的品牌服装。

3. 在网上搜索一下这些品牌的剪裁效果如何。

4. 找一个跟你年龄相仿的明星，最好你们俩在长相上有相似之处。比如，你是国字脸，他也要是国字脸。

5. 找一个你最喜欢的明星（男性）的时装形象。

6. 理一个跟他一样的发型，从你自己搜索的品牌里找到跟他类似的衣服。

7. 改变形象后，拍几张照片，发给自己年轻的女性亲友，让她们帮你找找问题。

8. 对着照片进行自我评判，这个形象是属于土气的，还是型男的。

第二步，加强对自己新形象的塑造。

1. 必须了解 5~6 个适合你的男装品牌。

2. 必须从中找出适合自己的服装类型——×× 品牌的西装、×× 品牌的休闲装、×× 品牌的运动装等。

3. 必须走出你的“宅男”小屋，去逛商场，去现场试穿、购买自己的备选服装。为什么要去逛商场呢？这是因为，一来你需要亲自验证那些服装是否真的适合你，二是你喜欢的女孩多半是会逛商场的。如果你约会的时候，一走进商场你就紧张焦虑，女孩会很鄙视你。

你需要按照上述步骤一一去做，遇到问题就记录下来，我们一起来解决它。

下面是学员小金的亲身经历。他进行了形象设计之后，就很快成功地赢得了女孩的好感。

小金年近三十，眼看着同龄人结婚生子，自己也急得不得了，想找个好女孩一起进入婚姻殿堂。

一个长辈给他介绍了D小姐。在见面前，长辈再三叮嘱他收拾得体面一些，因为D小姐家的老一辈有留学经历，比较讲究形象礼仪。之后，双方约好了时间，在一家高级餐厅的包间见面。

到了约定的日子，小金专门挑了一套自我感觉比较好的衣服，没想到刚走到餐厅的门口就被服务员拦下来了。服务员对他说："对不起，先生，我们这里是高级餐厅，衣冠不整是没办法让您进去的！"小金尴尬得满脸通红，他和服务员理论起来。

大堂经理闻讯赶来，对小金解释了一番："先生，这是餐厅的规定。如果您衣冠不整，是禁止入内的。不过，餐厅的对面有一家男装店，您可以去换一套衣服再来。"

小金很无奈，迅速去男装店给自己置办了衣服。回到餐厅门前的时候，经理又把小金拦下了来，并准备自己动手给小金整理一下他的领带。小金不耐烦地推开经理，扯了扯领带，进入了餐厅。

小金调整了一下情绪，进了包间，D 小姐和长辈已经在里面等候。小金刚坐下，就感觉到 D 小姐脸上闪过一丝怀疑。进餐的时候，D 小姐用疑惑的眼神和长辈交流了几次。没过多久，D 小姐就以有事为由离席而去。小金想：看样子又黄了！唉，反正也不是第一次了，都习惯了。

饭后，长辈批评他："告诉你要讲究一点，你说你怎么能把衣服搭配成这样？黑上衣白裤子，还穿着运动鞋，领带要是不会系就别系！你啊！"

小金始终也想不明白，自己是堂堂的技术总监，年薪接近 30 万元，有车有房，虽不是大富大贵，但在北京的同龄人中已经算是不错的了。为什么自己一次又一次地相亲失败，一次又一次地被女孩拒绝，这次就连餐厅服务员都把自己拦在门口？

屡遭失败的小金找到了我，吐起了苦水。

我告诉小金："虽然你各方面条件都很好，但是你的收入情况客观上决定了（按照世俗标准）你要找的女性也是跟你层次相当的，不是总监，也会是主管等，最少也是努力上进的，没人会把差劲儿的女孩介绍给上进的你。这些上进的女孩满怀希望来见一位技术总监的时候，看到的却是一个外形很差劲儿、形象上没安全感的男人，马上就会想你的形象跟你的收入完全不相配，自己有被欺骗的风险。女孩感觉选择你是有很大风险的。女孩是不愿意承担这个风险的。为了减少麻烦，她就会自然而然地淘汰她认为不合适的男人。”

小金也意识到是个人形象上的问题。虽然自己有车有房，有一份好工作，但是从来没有重视过个人形象。在我们团队的督促和指导下，小金彻底改变了自己的形象。

后来，小金对我们说了一件发生在他身上的事。有一天，他在机场遇到了D小姐。D小姐看到改变后的小金非常惊讶。小金本以为两人会擦肩而过，没想到D小姐主动跟他打了招呼，还主动向小金发出邀请，想要共进晚餐。小金出于对D小姐的尊重，婉拒了，因为小金晚上和他的女朋友有约会。

小金对我们说完这件事情之后，发出了这样的感慨：外修形象尊重自己，内修心态尊重别人。当男人真的成熟了，获得女孩的爱慕真不难，重在自己要去改变！

各位，当你开始做第一步形象改变的时候，后面的一切就都有了方向。有了好的形象才能有聊天的机会，有了聊天才能去约会，有了约会才能去恋爱。而这一切的起因都是因为你意识到——男人不改变，一切等于零。

第03章

让女性最感兴趣的聊天话题有哪些

男性只要掌握有趣的话题，跟哪个女性就都能聊不停。在和女性聊天的时候，男性可以视情况采用信息聊天法、好奇聊天法、求助聊天法…… ⚜

聊天就是为了邀约

聊天的目的是为了邀约。不管你有什么样神奇的聊天技巧，最后都是为了约她出来。因为，恋爱是面对面谈的。

我猜你前面的章节都没仔细看，就直接翻到这里了，因为你认为除了聊天，其他的都不重要，只要有厉害的聊天技巧和聊天话题，就能让女孩喜欢上你，在你的世界里，聊天是恋爱的“唯一”手段了。

为什么说聊天是你恋爱的“唯一”手段呢？因为追求她，你追不上；约她，你约不出来，只剩下手机里装的微信和 QQ 还能找到她。在这个你认为的“唯一”的联系渠道，你幻想着：

你用厉害的聊天技巧或者聊天话题，通过几次聊天，让女孩了解到你厉害或者牛的地方；然后，女孩因为你厉害的聊天技巧或聊天话题，对你开始着迷；最后，因为你厉害的聊天技巧或聊天话题，她羞答答地答应成为你的女朋友，你们幸福地生活在一起了……

“啪”，别做梦了，起床吧！

真实情况是：

聊天时，女孩根本就不爱搭理你，就算回答你了，也是以“嗯”或“哦”居多。

女孩越是不搭理你，你就越是疯狂地寻找可以让你变成无敌情圣的厉害聊天技巧和聊天话题。你寻遍网络，一次次拿着新找到的“聊天技巧”“聊天秘籍”去找女孩聊天，然后女孩一次次冷冷地回复你或者继续不搭理你，甚至嫌你烦，“拉黑”你。

一个女孩这样，两个女孩这样，三个、四个、五个………

你迷茫，你无奈，甚至连你都认为自己根本就没有让女孩喜欢的能力。于是，你不停地降低选择伴侣的标准。直到最后，你的标准变成了“只要是个女人，能生孩子就行”。

如果我上面的话对应你现在的聊天状态，我希望你能先去看前面两章，你真的需要从头到尾认真地去了解一下恋爱到底是怎么回事了。

如果你想跟女孩聊天，就需要先问自己一个问题：聊天是为了什么？也许，此刻饱受打击的你不敢再轻易将答案说出口。不要紧，我们可以平心静气地再看一下正确的恋爱流程，然后从中寻求答案。

正确的恋爱流程包括：

男女偶然相遇（朋友聚会、微信加好友、相亲等）—女孩被男孩的气度、形象、成熟吸引—女孩向男孩释放好感的信号—男孩接收信号，通过聊天邀约女孩—女孩答应邀约，开始第一类约会—双方感觉不错，进入第二类约会—通过三到五次第二类约会牵手接吻—关系升级，确定恋爱关系—恋爱磨合顺利见家长—双方家长满意，请德高望重的长者安排订婚、结婚。

由此，我们可以清晰地看到，聊天只是为了邀女孩约会。

遗憾的是，不少男性总是给一些没有任何意义的事情错误地赋予了超级重要的意义。

比如，我有个学员，跟一个女孩从相亲到前两次聊天都很平稳。我鼓励他去约会的时候，他却说："现在，我们都还没有聊好天，都没聊到确定关系呢，怎么敢去约会呢？"

各位，你们也有这样的想法吗？认为跟姑娘聊天还没聊好，不该有进一步的行动，想等到聊天聊好了再约会，这样稳妥一些吗？如果赞同前面的观点，或者不太确定自己是否赞成，请看一下下面这次聊天吧。

男：你吃饭了吗？

女：没有呢，正准备去。

男：还好，来得及跟你说。

女：怎么了？

男：可别去门口 ×× 小吃吃饭。昨天，小刘他们在那里吃饭，菜里有肉虫。小刘现在还难受得吃不下东西。

女：幸好你提醒了，我换家店吃饭。

男：你看，我给你提供了一个重要线索，保证了你的健康，能帮我个忙不？

女：你说，太难的不帮。

男：帮我带份饭呗。今天下午我们组要交方案，这会儿都在加班，你们老大也在我们这里监督，帮个忙。

女：为什么找我？

男：谁不知道你是公司有名的吃货（笑脸）。

女：我给你带饭，你告诉我谁说的我是吃货。

女孩给男孩带了份饭回来。

第二天晚上快下班的时候，男孩又找女孩。

男：忙完了没？

女：差不多了。

男：我来还人情来了。

女：什么意思？

男：昨天你给我带的饭，我省下时间做方案，经理看完很认可，奖励我 300 元钱哦（得意的表情）！

女：嘚瑟，没我给你带饭，你能有奖励啊！

男："领导"教训的是，所以这不就来"报恩"来了。我准备拿出奖金的一半请你吃饭，表示感谢。

女：切，小气，敢不敢全拿出来。

男：可以啊，咱就照着 300 元花，你点地方吧。

女：一会儿，六点 ×× 商城三楼 ×××，知道地方吧？

男：那就等“贵妃娘娘”驾临了。

……

请问这是不是约会？这次聊天有意义吗？很显然，这个聊天没有任何意义（这个“意义”是指语言文字或其他信号所表示的内容，而非价值、作用），唯一有意思的就是男孩最后约了女孩，女孩出来了。

很多男性总说聊天没有话题，其实并不是没有话题，这跟你对聊天话题的认识有关。你要的是让她爱上你、喜欢你的话题，是讨好对方的话题。至于其他话题，你认为跟纯洁的爱情没有关联，是没有意义的。

为什么一定要找到有爱的意义的话题或者讨好女孩的话题呢？因为要等聊天聊好了再去邀约，男性认为需要关乎爱情意义的话题才能聊好天。什么是聊好天了？通过聊天确定了恋爱关系，就是聊好天了。说白了，就是幻想能一次约会就跟女孩进入恋爱的状态，所以要先把天聊好，要有能聊好天的话题。

如果你有上面的想法，女孩说你幼稚就不奇怪了。女孩跟你认识后，要的是了解你。具体来说，就是要了解你是个什么样的人，有什么爱好，是否成熟等。她会通过跟你接触，来判断她是否需要你这样的男朋友。所以，女孩更愿意跟她看着顺眼的人聊天、约会，并在约会中来进行筛选。

哪个女孩会因为一两次聊天而跟男人确定恋爱关系？能留下好感就已经非常不错了。你需要做的是，趁着她对你有好感，跟她聊天约她出来。经过几次面对面的约会才可能让好感变成恋爱关系。

哪个姑娘会因为跟你约会一次就嫁给你当老婆？大部分女孩至少需要两三次约会，才会可能跟你确定恋爱关系，然后谈婚论嫁。

当你带着聊出恋爱的幻想去找女孩聊天的时候，当你带着一次约会就要确定恋爱关系的幻想去跟女孩约会的时候，你会害怕说错话，害怕做错事，聊天紧张、死板（脑子都吓“死机”了）。约会焦虑、恐慌，女孩就会看到一个不正常的男人。因为女孩的第一次约会是来判断要不要选你的，正好你有焦虑、紧张、神经质、赌咒发誓“我爱你”等不正常表现，女孩瞬间压力倍增，于是直接把你淘汰。

我给大家展示的聊天，是一位男学员跟他的女同事的两次聊天。女孩不仅这一次出来约会了，后面再一次男孩约她，她又出来了，第三次约会两个人玩“海盗船”时，自然地就牵手了。女孩对男孩是有好感，没有抵触男孩，所以男孩抓住了机会聊天约了女孩。在约会中，男孩正确地展示了自己，给了女孩轻松、愉快、放松、可靠的感觉，自然地处理好了关系转换，没有给女孩一点压力，让女孩在“顺其自然”的情况下跟他牵手恋爱了。

可能，你会说女孩怎么知道男孩用奖金约她，这种约会是要跟她谈恋爱啊？女孩不需要知道啊！她只需要通过一次次的约会知道，这个男孩挺不错，挺适合当她男朋友。这样，她没有一点压力，男孩也只是聊天约她，也没有压力。

如果按照大部分男性认为的那样，认识一个女孩就直接告诉对方我要当你男朋友，女孩一下就会陷入要不要选你的压力中。女孩讨厌选择，更讨厌压力，两种讨厌的感觉同时出现，她肯定选择逃避和放弃，并且对这个给她压力的人也是恶感倍增。只要女孩没有对男孩产生恶感，男孩就可以找任何借口通过聊天来约女孩。（其实，那个男孩根本就没有被奖励300元，这只是个约会借口而已。）

聊天的目的是为了邀约。不管你有什么样神奇的聊天技巧，最后都是为了约她出来。因为恋爱是面对面谈的。只聊天不约会的人，要么就是女孩需要个“情感垃圾桶”，没看上你但需要找你吐槽；要么就是女孩准备着拉你当“备胎”的“阴谋”。

女生为什么不和你聊天

男性要和女性聊天，就必须和她层次相同，高于她一些更好。仔细了解她的生活环境和生活习惯，比研究聊天话题强一百倍。

很多男生都喜欢问："老师，女孩为什么不理我？为什么不和我聊天？"这非常简单，因为女孩都没有看上你，不想浪费时间和你聊天，怎么会搭理你呢？

当一个女孩和一个男生刚刚认识，第一次聊天的时候，她首先想到的不是这个男生聊天有没有意思，不是这个男生长得帅不帅，也不是这个男生有没有钱，而是"这个男生有资格和我聊天吗？我会不会又被一个'宅男'缠上"。如果此时，你给女孩的感觉恰好是一个"宅男"，那么就等于你对这个女孩说："我不配和你聊天。"

恋爱中常会出现两种情况。

第一种情况，你和女孩是相亲认识的，你和她先是面对面见

一下，再决定是否要聊一聊。

这时，你需要有良好的个人形象，最起码要有个发型，着装需要整齐合体。如果你的形象是邋遢的，手指甲里面都是灰，身上还有一股淡淡的“男人味”。这样的你，相亲回来后，谁愿意跟你继续在网络上聊天？周星驰电影里面的那个“如花”找你聊天，你会浪费宝贵的时间跟她聊天吗？你是不是会直接把她的联系方式给删除了？你不会浪费宝贵的时间和丑女聊天，女孩也不会浪费宝贵的时间和一个既没形象、也没品位的“宅男”聊天。说得难听点，就好比你在地上看到一团泥巴，你不会去扒开看看里面有没有金子。你的形象乱糟糟的，女孩为什么要去了解你是否有什么优点？为什么要花时间去观察你里面是不是有“金子”？

还有些男生和女孩聊天，把自尊都丢了。女孩没有看上你，不想搭理你，你却想着怎么找话题讨好女孩，怎么回她的信息让她看上。请问，一个什么样的厉害话题，能让你跟不喜欢的“如花”聊天？如果你没法说服自己去和不喜欢的“如花”聊天，那怎么让女孩接受和你的聊天呢？再强调一遍，先搞好你的形象。

第二种情况，你和女孩是网络上认识的，需要先聊一聊，再决定是否要见面。

不久之前，有个男生向我求助：“老师，我和这个女孩是在网络上认识的。朋友给了我女孩的微信和QQ，我们没有见过面，所以她不知道我的个人形象是什么样的，她为什么还是不搭理我呢？”

做一个简单的对比吧。请打开女孩的朋友圈，看看女孩朋友圈里的照片。是不是里面展示了她所有的生活状态，包括吃的、玩的、工作的、加班的、旅游的、日常感悟的、健身的等照片？

而打开男生的朋友圈：

有的什么都没有，空空如也。

有的是一大堆表达他对情感认知的链接文章，比如《女孩都来看看，这样才是男人》《真的感情是要坚守的》《好男人应该朴实稳重》等。——女孩看了，也知道了这样才是男人，可这又不是你，你做得到吗？你能不能先做到了，再来吹牛夸海口？

有的是一大堆不知所谓的链接文章，比如《××机密，赶快看马上删》《比吃药好一百倍的××方法》……

有的是一些光着膀子，裸着肚子，满桌子剩菜，满地酒瓶的照片，又或者是一群男人不知所谓地蹲在一起抽烟、骂人、满嘴胡扯的视频。

还有些更加无语的朋友圈内容就不一一道来了。

对于一个男生来说，你想跟女孩网络聊天，肯定要加女孩的微信或 QQ。当一个女孩成了你的微信或 QQ 好友，当她看到你这些杂乱无章、不知所谓的朋友圈或者 QQ 说说的时候，你认为她还想跟你聊什么？难道跟你聊聊《比吃药好一百倍的××方法》？

女孩喜欢的只是一种她熟悉的生活方式而已，她想聊的也是与她的生活状态类似的内容，比如吃点好吃的、工作努力点、加班认真点、健身、旅游等。她希望这个跟她交往的男生不仅仅在衣着打扮、生活方式、思维方式方面跟她有类似的想法，更希望这个男生能带领她过得更好一些。很显然，看到你的朋友圈里乱七八糟的状态之后，她就知道跟你恋爱，只会让她生活得更差。如果你能保持跟她的生活方式持平，甚至提供给她更好的生活方式，那么女孩就会愿意跟你聊天，因为双方可以结伴做很多事情。

男生必须了解：现实社会中，人与人之间有各种各样的圈子和层次。比如说，马云所在的圈子里的人，能听懂他所讲的大数据医疗、大农业发展等问题，他们更关心这些宏观战略的问题。你是一名程序员，你所在的圈子里的人，更愿意讨论互联网新技术和如何编代码。这就是人的内心认知和日常生活层次的差异。那么，这个时候，你需要思考一个问题：你与你喜欢的女孩之间，你们的生活层次是相同的吗？你确定你想找她聊天的话，是她需要的吗？

你的日常生活：

上班工作，下班“宅”在家里玩手机，聊游戏。

上班工作，下班打牌打麻将，聊牌经。

上班工作，加班加到自己都傻掉，聊编程。

只要有吃的、有喝的等基本生存条件就能满足你，聊你是怎么活下来的。

女孩的日常生活：

上班工作，下班跟闺密或者家人逛逛街，买点喜欢的衣服，买点喜欢的零食，偶尔看看话剧和电影。

上班工作，合理加班，利用休假去旅游、滑雪、泡温泉、自驾、摄影。

上班工作，下班找个书吧看看书，或者找个地方做做美容。

女孩的生活越来越丰富多彩，就算是刚进城市打工的女孩，也很快让自己丰富起来。

这个时候，你去聊天，想聊什么？能聊什么？很多时候，女孩之所以不接受你，不跟你聊天，是因为你的生活方式不是她想要的。

你会问我：如何让女孩看到你跟她的生活是一致的？女孩都不搭理你。

答案很清楚，朋友圈、QQ 说说啊！你在朋友圈看女孩照片的时候，女孩也没特意跟你说让你来看，你不也看了？她的朋友圈里发的是吃的、玩的、工作的、加班的、旅游的、日常感悟的、健身的等照片。这就是标准，你按照女孩的照片标准，她有什么，你也要有什么。她逛街，你要逛街；她去书吧，你也要去书吧；她去旅游，你也要去旅游……总之，跟她的生活一致。女孩看到后，至少会认为大家的生活类似，思维方式应该差不多，她会愿意接受你的聊天。请看清楚是接受你的聊天，不是爱上你！这中间差别很大，不要幼稚地认为一个女孩跟你聊两句，就是对你有爱意。

我记得，有个学员说，他认为女孩发这些照片很虚荣。

我知道有不少男生就是这么认为的。我想告诉你，人家女孩把生活照片放到自己的朋友圈里，一不是让你点评的，你在女孩眼里没有那么重要，她不需要在乎你说什么；二这是给大家看的，不是专门给你看的，你又不是道德之神，没人在乎你的评价，你愿意就看，不愿意看就消失。

如果嘴上说着对方虚荣，却还想跟女孩聊天，你不是认为女孩发照片是虚荣，只是认为自己配不上她，企图用一个道德上的理由让她放弃有品位的生活方式，改变她的生活方式，跟你一起过那种一日三餐饿不着，“宅”在家里玩电脑，仅仅满足最低生存需求的生活。

别逗了，女孩的生活标准已经展示出来了，你认为有能力让自己出国旅游的女孩，会因为“宅男”假道德地说她虚荣，就按照“宅男”的幻想放弃现在的出国旅游生活了？其实，对于女孩来说，“拉黑”这些“假大空”的人更实际一些。

现在就看你的了。只要你告别幻想，告别“假大空”的幻想，让你的生活质量跟她朋友圈、QQ 说说里的生活一致，你就有聊天的机会了。她跟你聊健身，你有健身就可以聊，邀她一起健身；她跟你聊旅游，你也有旅游，邀她一起旅游……你不仅可以聊天，而且还有了约会。你看，方法用对了，是不是很简单？

当然，要成功地运用这个方法，就要保证朋友圈的照片是真实的。所以，你必须到商场、步行街、餐厅、演出现场等去真实体验，然后留影。请不要造假盗图，因为你终究是要跟女孩约会见面的。

至于自拍，相关方法在网络上有很多，你可以去搜索，但请记住照片一定要清晰，不要照虚。还要注意，你是在照你自己，越好看越有面子，最好用修图软件稍微美化一下。

此外，要注意的一点就是，你要和这个女孩聊天，就必须和她层次相同，高于她一些更好。仔细了解她的生活环境和生活习惯，比你去研究聊天话题强一百倍。你如果知道了这个女孩喜欢音乐，邀请她参加音乐节是不是比你像傻小子一样问她“在不在”要强很多呢？

和女性聊天，哪些表现会让她反感

和女性聊天时，时常陷入幻想、没有时间观念、不在乎他人的感受、自以为是、过于神经质等行为，都会让女性对和她聊天的男性产生反感。

在和女性聊天的时候，男性还要特别注意，千万不要做出令她反感的事情。否则，赢得女性的好感就成了比登天还难的事情。那么，到底哪些表现会让女性反感至极呢？

在幻想中和女孩恋爱、聊天

爱情是两个人的事，需要的是一个生活在现实中的男人和一个生活在现实中的女人。

可在有些男人的世界里，恋爱是一个人的事情，或者说是一个现实中的男人看着女孩的微信朋友圈照片，跟虚拟的朋友圈照片里的女孩在幻想中谈情说爱的过程。这个男人天天盯着女孩的朋友圈、QQ说说，琢磨她，幻想她，研究她，女孩每段文字、每张照片他都觉得是跟他的恋爱交流，然后他就这样“爱”着她，就这样“感动”着自己，“坚贞不移”地守着这份“爱情”，因为他认为他在谈一场伟大的、真心付出的神圣恋爱。有些男人“恋爱”久了，在网络上表白了。更有甚者会在现实里跑去表白。因为他们在幻想的世界里，已经可以跟这个女孩“爱”得感天动地了。

这种“幻想虚拟的爱情”也许会是一分钟，也许会是一小时，也许会是一年或一辈子。这种“幻想虚拟的爱情”时间的长短主要看男人的幼稚程度和性格，还有看完女孩的朋友圈后受到的影响。他们被女孩的朋友圈吸引住，外向一些的更容易鼓起勇气，内向一些的更容易等待，但是无一例外的，都投入了大量的幻想在“幻想虚拟的爱情”里。

所以，他们的聊天基本上都是直奔主题的。比如，我很喜欢你，期望成为你的男朋友。正是因为投入幻想过多，所以表白失败后，他们无法接受幻想破灭，常会对女孩进行伤害报复，甚至痛下杀手。近年大学里的恋爱伤害案件，大部分是男性需要负主要责任。

有人曾问我，这些男孩伤害别人的时候没考虑到后果吗?

真的没有，或者很少考虑。这些男孩从小到大向家里要什么，只要家里不给就会撒泼打滚摔东西，往往闹腾一番就能从父母那里要来，而他们的父母也没有给他们任何惩罚。这就造成了他们错误地认为，女孩也跟他们的父母一样，只要他们撒泼打滚摔东西，“一哭二闹三上吊”一番就能让女孩服软，当他们的女朋友。结果，女孩根本不吃这一套。闹得凶了，女孩还嘲笑他们幼稚可笑。接着，他们就恼羞成怒，不顾后果了。当然，这类男孩只是少数。

当男孩陷入了一场“幻想虚拟的爱情”中，大部分人都会去表白。而这种表白失败的概率也是非常高的。因为真实情况是：这些男孩连女孩穿多大码的鞋都不知道，连女孩喜欢吃甜还是辣都不知道。

更真实的是，女孩都不确定是否认识他，因为仅仅见过一两次而已。当男孩去表白的时候，女孩的状态是懵的，这个男的要干吗啊，好吓人啊！于是女孩就直接拒绝了。男孩表白失败，冷静些的就开始满世界找话题，找女孩去聊天表达“爱”意了；不冷静的就会做出一些带有攻击性的行为了。

在这里，我想对男孩说，如果仅仅是你喜欢她，而她不喜欢你，那么请你控制好自己的欲望。这个世界不是以你为中心的，不要认为你想怎么样就能怎么样。你应该做的就是思考，想想这个女孩到底需要一个什么样的男朋友。按照女孩的标准来改变自己，你才有机会。不要因为你个人的占有欲望而打扰到女孩，别找她聊天，也别找她表白。在别人没有对你表达出好感的时候，就算你多喜欢，也要保持距离，这就是一种尊重，尊重别人的空间，也是尊重自己的人格。

没有时间观念

什么是没有时间观念呢？

举个例子。某天女孩和男孩聊了一次天，男孩感到世界都是充满光亮的。然后，男孩就希望每天都能跟女孩聊天，并且是从早上八点聊到晚上零点。如果女孩能不睡觉，他更希望能通宵聊天……

一段时间之后，他发现，刚对他有点好感的女孩很快开始反感他，越来越不愿意搭理他了。

这就是聊天没有时间观念！

别人不工作吗？

别人不上学吗？

别人不挣钱吗？

别人不需要养家吗？

别人不需要逛商场吗？

别人不需要有自己的时间吗？

在幼稚的人的世界观里面，只要能聊天谈恋爱，这些都是不需要关注的。因为你要找女孩聊天，所以女孩的事情，像上班、逛街、看书、追剧等，都不在你的考虑之内。你不管女孩的生活，不管女孩的工作，她只能跟你聊天。如果不跟你聊天，她就是爱钱的、虚荣的，就是有问题的。这种思维模式，别说是聊天了，只要是个正常点的人都不会搭理你。跟你聊天获得不了轻松愉快，跟你聊天还影响女孩追剧，甚至影响女孩逛街……女孩什么好的情绪感受都没有，还要按照你的要求去跟你聊天，她为什么要和你聊天？

你说，你不跟她聊天，怕她找别的男人。这和女孩有什么关系呢？女孩又不是你的父母。为什么要浪费宝贵的时间来跟你聊天？就因为你想找个女朋友？你找不到女朋友和她又有什么关系？

想象一下，一个25岁的男孩和一个25岁的女孩，女生早8点到10点在上班，而这个男孩却从早上8点开始给女孩发信息：

"你在不在啊？"

"在忙什么呢？"

"你怎么不回我信息呢？"

那么，女孩看到男孩发的信息之后，首先就会感觉，这个男人怎么这么闲啊？你又不是成功人士，那只能说明你游手好闲了。一个正常的人从早上8点到10点都在忙，这个时候你找女生聊天，基本等于无业游民。她不"拉黑"你"拉黑"谁？留你在微信上经，你不仅骚扰她，还妨碍她工作。

正确的聊天时间：

一个人8点上班，工作2个小时，到10点后脑子开始有点开小差，会看看手机。这个时候，是一个很弱的聊天机会。你发信息，女孩也许会回复，也许不会回。如果女生没回复，可能是她从早上来到单位一直都在忙，没有空。这时候，千万不要开始长篇大论地留言。等到女孩忙完了，自然会回复你的信息。

下午一般都是工作的主力时间段，这时你最好别自找没趣找别人聊天了。也许，人家还在准备晚上加班呢！就算不忙，也可能跟闺密一起准备逛街。要知道，没看上你之前，冰淇淋都比你有魅力。

晚上是大部分女孩的追剧时间。现在，视频网站很方便，追剧不必再苦苦等着电视台，网络播放随时都可以看。女孩晚上在追剧，怎么有时间和你聊天？所以，你必须比电视剧吸引力大。要不，女孩晚上去看电视也比和你聊天感觉要好。

同样地，如果女孩愿意放弃她晚上 8 点追剧的时间来和你聊天，那么这就说明她被你吸引了，对你的兴趣还挺大。所以说，**晚上 8 点前后属于正常的聊天时间**。

那聊天的时间长短应该是什么样的呢？

一部标准的电影播放时间都是在90~120分钟（艺术片不计）。

为什么全世界导演都用这样的时长呢？因为人在一件事上的注意力最长是两个小时，也就是 120 分钟。时间超过这个限制，观众的思绪容易跑偏，影响观影效果。

在学校读书的时候，每节课为 45 分钟，两节课之后会有课间操。上课时间加上大课间正好是两个小时。

同样地，你和一个女孩聊天，最短十几分钟，最长也只能两个小时，再长就会让女孩感觉你絮絮叨叨、婆婆妈妈。

有些男孩总说自己没有聊天话题，要有话题，自己能聊上一年。他没有撒谎，他是真的没有话题，一次聊天聊十几个小时，可能连小时候穿开裆裤的事都说完了，第二次聊天还哪来的话题？可你跟一个女孩从认识到结婚最少要半年时间吧，你能聊多少个十几个小时？

所以，跟女孩聊天，最好的时间是晚上八点前后开始，一次时间保持在平均一个小时上下。

不在乎他人的感受，只顾自己嘴上痛快

有个既搞笑又伤心的例子：

女孩和男孩是高中同学，之后又上了同一所大学，两个人的关系一直很暧昧，女孩也有了找男孩当男朋友的想法。

期中考试成绩出来了，女孩特意去抄了成绩回来，发现男孩有门课不及格。她感觉要和男孩说一下，于是就在微信里找到了男孩。

女：在不？

男：嗯。

女：期中考试成绩出来了，你有一门课挂科了。

男：（沉默）

女：（龇牙笑）你要努力哦！毕业后的生活，女人都是要靠男人带领的，你这次考试都能不及格，你女朋友会有不安全感的。她要是害怕了，你会单身的。

女孩等了几分钟，见男孩没有回复，正准备关掉微信，突然男孩发来一段语音。

女孩打开语音后，男孩恶狠狠的声音传来："你们女孩都是这么虚荣吗？不就是考试不及格吗？还跟毕业、跟毕业后的生活联系在一起了！难道男孩就应该一直养女孩吗？我女朋友要是不工作，我立刻跟她分手。还有，考试不及格是我的事情，跟你有什么关系，你不就是全考过了，嘚瑟什么呢？真虚伪！"

女孩当时就蒙了，她完全没想到男孩会有这样极端的反应，她很委屈，很难受，不知道怎么办才好。女孩想了一下午，最后直接把男孩"拉黑"了。

后来，男孩开始找女孩道歉，送礼物，托人说好话。女孩把他的礼物都扔掉了，并且郑重地告诉男孩，她的心已经彻底死了，请男孩不要再来打扰她。

上面这个案例里有你的影子吗？你是不是感觉这个男孩是自作自受呢？还有，你是否明白女孩为什么要"拉黑"男孩呢？如果不太确定，可以接着往下看。

还有一个更好玩的例子，出现在我的课堂上。

当时，我正在给大家讲形象改变前后各种人的服饰挑选，并拿我自己的照片做例子，引导大家讨论。突然，一个学员冒出一句话："左右老师这张照片真丑！"整个课堂瞬间安静下来。你可以想象，几十号人正在你一言、我一语的讨论中，突然安静得掉根针都能听见，整个现场瞬间陷入了尴尬的境地。

那个学员也意识到自己说错话了，马上说："我不是说左右老师丑，而是说左右老师这张照片上的衣服穿得不讲究。我没说左右老师丑的意思，真没有啊！老师，您别生气啊！"他急得脸都红了，整个人都坐立不安的，又尴尬又着急解释的样子一下把我逗笑了。

我笑着问他："你是不是把看到照片时候的第一反应直接说出来了？"

他说："是啊。但是，我没有嘲笑的意思，我真没有。"

我转向了大家："大家，包括我，都知道你绝对没有嘲笑我的意思，只是说话不带脑子而已。我不在意，因为这样说话的学员不少，说完向我道歉的也很多。但是，各位，以后在社会上，不管跟谁说话，我希望大家都要带着脑子，和别人说话，话要在脑子里面多转几圈，想一想这样说的后果是什么。要考虑听你说话的人的感受，想一想说出来之后别人会有什么样的感受。如果你不愿意别人这样形容你，就千万不要对别人这样恶语相向。这不仅是你说的一句话，更重要的是你的这句话会让别人对你产生什么感觉。

“有个男孩在单位群里面和女孩们聊天，本来聊得好好的，女孩们在聊感情的时候，他却不经大脑地说出来一句话：‘你们是处女吗？’结果，一个群的女同事同时打压他，他还很无辜地跑到我这里吐槽。

“我对他说：‘要是同事们是在一起喝茶，我估计茶都同时泼在你头上，打得你满头包了。哪有这样直接质疑别人名誉的？别人什么样子和你有什么关系？她们又不嫁给你。倒是你要小心了，很多女孩八卦和散播消息的能力是很强的，这是你的同事群，属于内层社交圈，她们可能会添油加醋地把你的话散给圈子里的其他人。过两天，这个圈子里的所有人都会知道你说话不经大脑，包括你的老板，你的名声很危险。’

“他当时还不相信，认为不可能，觉得就是说错一句话而已。

“结果，第二天上班，经理就把他从质检室调到了仓库，公司里所有的女孩都离他远远的。用他自己的话说，女孩看他的眼神都充满了鄙视。最后，他没办法，只得选择辞职。

“所以，在聊天、说话中，大家一定要注意，在说每句话之前，先在脑子里面想一想，‘我这句话说出去后会不会伤到别人’。不会伤害别人，那就可以说；要是这句话说出去后肯定会伤害别人，肯定会让别人难受，那说它做什么呢？**要学会‘用脑子思考问题’**。”

看到这里，大家应该明白上面例子中的女孩为什么会“拉黑”

男孩了吧。他把女孩的好心当成了“驴肝肺”，不问青红皂白，只顾自己嘴上一时痛快，冷了女孩的心，也失去了一次很好的恋爱机会。

没搞清楚身份，自以为是地下命令和质问

“你为什么不接我电话？”

“为什么这么晚回来？”

“你又和谁出去干什么了？”

“我不喜欢你经常去酒吧，以后别去了！”

……

看着上边的话，大家是不是感觉这是男朋友（或老公）说给女朋友（或老婆）听的？估计大部分人都同意。其实，他们什么关系都不是。也许，这种情况可以理解为：女孩根本就没有对男孩产生多少好感，而男孩因为跟女孩认识了，追求她了，就一厢情愿地认为，这是他的女人了，所以要管她。

既然不是男女朋友关系（或夫妻关系），也非亲属关系，男孩这样做可以说是幼稚至极。女孩是自由的，她去做什么还要你批准么？仅仅是因为你爱她？这也太自以为是了吧？遗憾的是，现实生活中，这样的人和事并不少。

女孩去跟男孩相亲，见了一次面，感觉还不错，决定跟男

孩继续聊聊，希望可以加深一下彼此之间的了解，并不着急确定关系。

有天晚上，她去参加朋友组织的聚会，玩得很尽兴，整个晚上都没看手机。

等到晚上快 12 点的时候，她看到男孩的一个未接来电，还有一条微信、一条短信留言。

微信上问："你在吗？"

短信上留言："给你在微信上发消息，你好长时间没回我，我担心你，看到短信后给我回个信息，让我知道你安全。"

女孩说，看到这条短信，她当时还是感到比较温暖的，因为有个人在乎她。

然后，女孩回家，给男孩回了条信息说"我到家了"，男孩马上把电话打过来了。

女孩说，在接电话前，她还很温暖，因为男孩等了她这么久。可是，一接电话，她就想骂人了。

"你怎么回来这么晚，去哪里了？"电话里传来男孩的质问声，声音很冷，似乎还强压着怒火。

"朋友聚会……"

"朋友聚会你也不说一声！"男孩声调变高，"还有我不喜欢你跟其他陌生男人来往，也不喜欢你经常去酒吧、KTV 这种地方。"

"我为什么要听你的？"女孩很纳闷。

"因为我是为你好，我不希望我女朋友是那种妖艳的女人！"男孩咆哮起来，"你知道不知道，今晚联系不到你，我有多紧张，多难受，我都喝酒了，可你还要问我为什么要听我的！"

女孩对这个男孩的好感彻底消失了。她知道，又遇到了一个自作多情的男人，这种男人只有让他彻底断了幻想，才不会影响她的生活。

于是，女孩不再解释，果断地挂断电话，并且关机。第二天开机后，通话提示，她有132个未接电话……

接下来又是一样的狗血剧情，男孩道歉，希望获得原谅，并且希望保持恋爱关系。女孩接受了道歉，但再三强调他们之间没有任何关系，请男孩不要再来打扰她。

男孩坚信他们是恋爱关系，女孩只是生气了，然后满世界找话题，找聊天技巧，企图跟女孩通过聊天解决问题。此外，他还不停地各种表白、送礼物，一次次地去找女孩。女孩被男孩搞得工作、生活全乱套了，最后把男孩"拉黑"了。

男孩无法跟女孩在网络上聊天，就开始了天天堵门送花、送礼物，严重影响了女孩所在商店的生意。女孩报了两次警……

女孩说，事情都过去快一年了，男孩还在给她写信，写了十几封了，但她一封都没看，都扔了。

有些男孩就是这样，认识女孩没几天，女孩只不过对他有点好感，男孩就以为自己恋爱了。其实，男孩只要换位思考一下，就知道这是幻想。如果你的妹妹跟一个男孩没认识三五天，这个男孩就到处宣传你妹妹是他女朋友，你能接受吗？

男性一定要牢记：女孩对你有好感，就是喜欢刚见面时候你正常的状态，你的稳重、大气、风度。既然她喜欢的是你正常的状态，你继续保持并多次邀约，这样就可以推进你们的关系了。千万不要女孩刚对你有点好感，就进入不正常的状态。**女孩会因为你正常而对你有好感，也会因为你不正常而对你恶感倍增**。

过于神经质

在跟女孩聊天时，还有些男孩表现得过于神经质，让和他聊天的女孩异常反感。

下面就是一个神经质聊天的典型例子。

男：在忙吗？

女：在忙。

男：在忙，忙什么呢？

女孩的内心简直就是崩溃的。天哪！我已经说了自己在忙，没有时间聊天，你竟然还问我在忙什么？你知不知道自己有多讨厌，知不知道我有多想踢你几脚？

不过，就是这样一个神经质的男孩，一找自己的哥儿们聊天，马上就恢复正常了。

男：在忙吗?

哥儿们：在忙。

男：有事。你这会儿忙得很吗?

哥儿们：有急事你说。不着急的话，等我忙完给你留言。

男：行。

我们找女孩聊天，如果这个女孩忙，没有空搭理我们，正确的聊天态度是应该跟对待哥儿们的态度一样，你没空理我，我也不骚扰你。

下面才是跟女孩聊天的正确打开方式。

男：在忙吗?

女：在忙。

男：等你忙完了，给我留言，我找你聊一下。

女：嗯，好的。

有的男孩说，因为自己不主动找女孩，女孩也不理他，所以才每天来问的。这话听起来貌似有道理，但你必须明白：哪个女孩会因为跟你聊一次天就成为你的女朋友了？哪个女孩因为跟你约会一次就跟你定下终身了？是不是你天天问她“在不在”“忙不忙”，女孩就会成为你的女朋友了？显然不可能。那你整天这么问，烦到谁了？女孩之所以不理你，相信前文给出的答案已经很明确了。

和女性聊天，男性需要具备哪些资格

和女性聊天，男性一定要具备相应的资格。具体说来，就是在外形方面，要拥有出色的个人形象；在内在方面，要拥有成熟的、有规划的思维方式。

外形的资格

你幻想着自己的爱情是这个样子的：

你用一个厉害的聊天技巧或者聊天话题，通过几次聊天让女孩看到你厉害的地方，然后女孩因为你厉害的聊天技巧或者聊天话题对你开始着迷，最后因为你厉害的聊天技巧或者聊天话题，她羞答答地成为你的女朋友，你们幸福地生活在一起了……

可是，如果有一个女孩，工作在城市，吃住在城市，生活却是下面的样子：

衣服都是几年前的，而且皱皱巴巴的，显得整个人都没有精气神；

鞋子都是穿了几年的，不保养也不打油；

喝茶、喝水用的是饮料瓶；

几天都不洗个澡，身上一股味道；

头发又长又乱，还油乎乎、乱糟糟的；

一张嘴就是一股味道；

看她的照片，就好像看到了“如花”……

这样的她要用一个厉害的聊天技巧或聊天话题，通过几次聊天让你觉察到她的厉害，然后让你对她开始着迷，最后因为她的厉害聊天技巧，她希望成为你的女朋友，我想问一下，这种概率有多大？（就算这个女孩有着最厉害的聊天技巧和聊天话题。）

相信大部分男性都会说：“别逗了吧，她就是有全世界最厉害的聊天技巧或者话题，我也不可能让她成为我的女朋友。”

为什么会这样呢？因为你看不上她，连她靠近你，你都会有反感，怎么会让她当你女朋友呢？更不用说跟她聊天了。

这就是对于聊天资格的简单解释。

也许，你会说，我喜欢的女孩不是这样的。那你这个男人是不是这样呢？你作为一个男人，工作在城市，吃住在城市，可生活却是下面的样子：

衣服都是几年前的，而且皱皱巴巴的，显得整个人都没有精气神；

鞋子都是穿了几年的，不保养也不打油；

喝茶、喝水用的是饮料瓶；

几天都不洗个澡，身上一股味道；

头发又长又乱，还油乎乎、乱糟糟的；

……

在这样的状态下，你幻想着通过聊天技巧或话题让女孩喜欢上你，这可能吗？你自己衣着土气，形象落伍，你却希望有个女孩对此视而不见或者不要在乎你的低档次，通过与你的聊天去发掘你的内在，去喜欢你——这不是强迫人家女孩去喜欢男版“如花”吗？连你都不愿意跟“如花”聊天，都不愿意去看“如花”的内在，却希望别人愿意，这不是幼稚吗？

这就是和女性聊天的第一种资格——外形的资格。连外形都没法让女性心动，女性怎么会浪费时间跟你聊天呢？

你想去找女孩聊天，女孩就该无条件地答应你的请求，陪你聊天？女孩不是人吗？她就没有选择的权力吗？女孩不仅是活生生的人，还有自己的想法和择偶标准。她也希望有个看着顺眼的男孩能让她谈一场美好的恋爱，问题是你看着顺眼吗？你去找她聊天，达到她的标准了吗？没有达到女孩的标准，你准备用聊天吹牛去让女孩喜欢你？

你在自己家里向父母要玩具或者手机，父母不给你买，你哭闹绝食撒泼打滚，父母心疼你，满足你了，所以你就认为，这个社会上所有人都会怕你撒泼打滚？撒泼打滚哭闹会让4S店免费给你一辆车吗？你会冷静地告诉我，你没有付钱，再怎么闹也没人会给你车。

既然明白这个道理，那么女孩不选择你当男朋友，不也很正常吗？撒泼打滚耍无赖能解决问题吗？你给那个不搭理你的女孩打了多少电话？发了多少条微信？表达了多少你认为可以说服她的大道理？难道说，这个女孩后半辈子的人生，还比不过一辆车？你却只想吹牛聊天谈恋爱。

男人，要想谈场正常的恋爱，还是去做点实际的事情吧，比如丰富你的生活。

内在的资格

有人说，我家在城市，从小接受城市的熏陶，衣服穿着不错，家境殷实，甚至有车有房，可为什么女孩还是不搭理我呢？

先不忙回答这个问题，让我们再一起来看一个例子。

男孩和女孩是初中同班同学，男孩父母是公务员，女孩父母是小商贩，两个人在同一个城市长大，然后考上了不同城市的大学，毕业后女孩去了上海，男孩回了老家。

女孩在上海努力工作，积极参加管理、财会、HR 等各种培训，终于做到了 HR 经理的职位。公司奖励了她部分股份，并且准备送她去国外深造。此外，女孩还通过分析中国经济发展的趋势，确定了自己的安居计划，早在几年前就凭借自己的能力在上海买了一套小户型房，并准备积分落户在上海。

男孩在老家工作。作为普通员工的他，每天过着“三点一线”的平常生活，下班之后要么找几个好友打游戏，要么看看网络小说和热播电视剧。父母心疼儿子已经28岁了，还帮他在老家所在的城市买了一套房子。

女孩过年回家，被父母逼出来相亲，就这样跟男孩相遇了。

女孩这些年在上海拼搏，管人管事，上进干练，衣着漂亮，气质非凡，像仙子一般。男孩对女孩一见钟情。

相亲完毕，两个人互相留了微信。年后女孩回上海了。接下来，男孩开始找女孩聊天，但是女孩总说自己很忙，不愿意跟男孩多说。男孩找女孩聊天次数多了，女孩直接就告诉男孩：“咱们不合适。我今年年内准备考MBA，怕耽误你结婚，你还是找别人吧。”

男孩很委屈：“我有房有车，家境不差，跟她也算门当户对吧，为什么不合适？而且，她都28岁了，也该找对象结婚了。”

他多次找女孩聊天，想搞清楚这些问题，也想说服女孩他们两个是很合适的。结果，说过几次之后，他发现女孩把他拉黑了。

咱们不合适——女孩这样说，是真的，并不是找借口。

这就是和女性聊天资格的第二种形式——内心的资格。你跟你想要聊天的女孩是不是在同一个思维层次上呢？如果不是，就算你有家财万贯，有些女孩还是看不上你，还是不跟你聊天。

大部分男孩，只要这个女孩满足了自己的择偶标准，就只想着怎么和女孩聊天，就只想着通过聊天让这个女孩答应做自己的女朋友，却从来不会去想该怎样跟她在思维层次上保持一致，也不会想着怎么融入她的思维层次，更没有考虑过自己和女孩是否在同一个生活、工作层次上，是否在同一个人生圈子里。

明明女孩爱滑雪、攀岩等冒险活动，你偏要跟她聊游戏，她会跟你聊天？

明明女孩从老家来到大城市是为了改变家庭的生活情况，她努力工作，你却偏要跟她聊纯洁的爱情，还希望什么要求都不要跟你提，更希望她像个小宠物一样什么都无所求地嫁给你，然后跟你回老家的小县城、小乡镇过生活。这个根本就不愿意回老家发展的女孩，怎么可能跟你聊天？有什么可聊的？

各位，你们是不是上文说的那种男人呢？你们是否有和女性聊天的资格呢？

一个商业家庭出身，学金融专业，看着父辈拼搏吃苦创业，读着巴菲特传记，飞到华尔街实习的女孩，跟一个大学毕业就被家人安排去国企工厂上班的男孩虽然认识，但怎么聊天？而她的男朋友虽然出身于国企工人家庭，却辞掉了国企的工作，下海创业，连续失败了三次，却不屈不挠，最终跟女孩一起白手起家，二人同心创业成功。

一个农村出身，因为家境不好，拼命写文案，准备留在大城市的女孩，跟一个去网吧熬夜、在流水线上混日子的同村男孩怎么聊天？而她的男朋友是一个高中毕业的男孩，这个男孩鼓励她去学习英语，学习营销，帮助女孩实现她的愿望。为了留在城市，男孩更加拼命地通过了司法考试。

欧洲国家的公主从来不会离开皇族和贵族的社交圈，也很少跑到普通社会阶层去玩耍。如果一个出身平民的男孩看上了一位公主，他想要和这位公主聊天，应该要怎么办？肯定是先要融入她的社交圈，比如跟公主上同一所大学，比如跟公主参加同一个聚会或舞会，再比如跟公主有一样的爱好，在同一个思想层次有接触，她才会和你交流。哪怕你融入不了她的层次，你也要跟她的思维、想法、爱好等做到一致，就好像灰姑娘去了王子的舞会，如果灰姑娘不会跳舞，王子就不会请她跳舞，也就没有后续灰姑娘的感情故事了。

其实，微信和QQ跟扳子、起子、螺丝一样，都只是人手里的工具。现代社会由于有了微信等聊天软件，人与人之间的距离拉近了，人与人的圈子、层次也越来越模糊，很多男孩拿着微信，看着微信里美丽女孩的头像，就认为女孩已经跟他的距离很近了，只要努力地去聊天就能跟她恋爱了，就会有女朋友了，他们在这样的“梦想”里努力着。如果女孩不按照他们的“梦想”去发展，他们就会歇斯底里。

一个男孩凭着自己的努力考取了国内一流大学，年年拿奖学金，在老师眼里他是一个很优秀的寒门学子。他喜欢一个同班的女孩。这个女孩是本校一位教授的女儿，本人很漂亮也很有才华。男孩被这个女孩吸引，想要和她交往，可他悲哀地发现，无论他怎么努力，怎么做，女孩就是不搭理他。

于是，他跟其他人一样开始了微信聊天的“爱情”……

大家是不是感觉这个男孩和这个女孩很般配？都凭借着自己的努力考上同一所大学。但是你想过没有呢，这个女生从小接触什么样的圈子、什么样的人，接受了什么样的教育？她从小就在大学里长大。由于这所大学是一所一流大学，学术交流、科研试验很多，她跟着父亲很早就接触到科技、商界、学校的教授，见多识广，寒暑假还会去一些“大佬”的公司实习和体验生活，平时家里也会鼓励女孩出国多长长眼界。

而男孩呢？从小经济条件比较差，打工挣学费和考试获得奖学金是他大学阶段非常重要的任务。男孩不可能去做没有收入的体验性工作，更没有条件去国外旅游。

他们是同班同学，这为男孩喜欢女孩创造了客观条件。男孩也想通过聊天来跟女孩谈恋爱。某次聊天时，女孩跟男孩说：“我正在做一个课题研究《全球货币超发造成奢侈品在中国滞销是否符合商品规律》，你怎么看啊？”男孩一下懵了：“咱们是物理系的，研究商品干吗？你怎么不聊感情啊？我挺喜欢你的。”女孩没有再搭理他。

接下来的时间里，这个男孩开始不停地给女孩留言：

“你怎么不理我了？我很喜欢你的。”

“没想到你是这样的人，我以为你这样的女孩是不会嫌贫爱富的。如果我是那种开车来上学的男孩，你就会答应我了，是吧？”

“你要是不喜欢我，你早说！你要是嫌我穷，你早说！我知道女人都是虚荣的、物质的，没想到你比我想的更过分，我年年都还拿奖学金呢！”

“那些长得帅、穿得好的男孩有什么好的，学习成绩一点都不好，考试都是抄我的。”

“今天你对我爱搭不理，明天的我让你高攀不起。”

“我发誓，这一辈子不让你流一滴眼泪，不让你哭，只给你幸福，当我女朋友吧。”

……

最后，女孩把他“拉黑”了。

于是，他逢人就抱怨女孩是个虚荣女、物质女。女孩听到之后，没有发表任何反击的话，只是调到别的班去上课，再也没有搭理过他。

有人会说，这个女孩会后悔的，这个男孩以后发财或者事业有成什么的。其实，你可能没想过，女孩现在没有这个男孩，生活得已经很好了，以后女孩可以找个更好的男朋友，比如一个金融界的青年才俊呢，生活也许会更好。

这个男孩很优秀，但是只看到自己想要的，他要一个漂亮的女朋友，可他忽视了女孩已经拥有的丰富生活，以及女孩想要的未来。我知道很多男孩会说，那我们这些普通家庭出身的男孩就不能谈恋爱了吗?

咱们看看下一个男孩：

一个教授家庭出身、学钢琴、读莎士比亚长大的女孩，跟一个不懂浪漫、不懂英国文学、不懂音乐的男孩怎么聊天?

这个女孩的男朋友是农村男孩，家境一般，但凭着自己的勤奋，在入学时就获得了奖学金。他在图书馆勤工俭学时，遇到女孩，并对女孩一见钟情。可他在聊天中悲哀地发现，跟女孩完全无法交流，根本不在一个层次上。当知道女孩喜欢西方文学时，他开始自学英国文学史。在图书馆打工挣学费期间，男孩蹲在图书馆疯狂地充电，从文学到金融，从历史到音乐，只要是“90后”城市大学生懂的，他就都去体验。他曾经不懂莫扎特、肖邦，现在他却能跟女生辩论《第九交响曲》第四乐章的出处和思路，最终两个人越聊越欢。

他们曾经因为莫扎特的问题而争执，然后相约一起出国去莫扎特的故乡寻找答案。这趟出国让他们半年的存款消耗一空。回国后，两人在将近半年的时间里基本上天天吃泡面，馋了就一起去吃麻辣烫。在麻辣烫的摊位上，两个人还在争论互联网创业的方向。就这样玩着，闹着，女孩成了他的女朋友。女孩很大方地跟男孩回了农村老家，男孩父母很满意。

女孩的闺密说，这男孩是农村的，跟你不合适。

女孩说，他只是出身农村，而内心是个富有的绅士。他已经规划好了人生的蓝图，我想陪他一起实现。

闺密问女孩，如果失败了呢？

女孩说，失败了，我陪他从头再来。

两个男孩，两种选择，两种结果。一个男人出身不重要，有钱与否不重要，而有一个成熟的、有规划的思维很重要。你想跟一个女孩聊天，不仅仅是拿出手机打字，而是要通过聊天的文字输出你的人品、格调、内涵、稳重和大气等。你是在通过聊天输出你自己的为人处世，进而让一个女孩看到你的内心。

一个跟女孩见面没几次，聊了几句天，就敢说爱她的男人；

一个女孩稍微对你友好客气点，就想来一场梁山伯祝英台式的轰轰烈烈爱情的男人；

一个女孩不见你，就幻想着靠聊天来确定恋爱关系的男人……

怎么看都不是奔着爱情去的，谁的爱这么肤浅？如果你的妹妹告诉你，她通过聊天准备嫁给一个男人，你会不会阻拦？ 毫无疑问，肯定会的。

聊天要有一个资格，不是钱，不是学历，而需要你的外形形象、思维层次、未来生活等跟这个女孩是一致的。物以类聚，人以群分才舒服。

女孩喜欢能带领她，有内涵和才华的男人

有人说，我的情况跟他们不一样。那请你再接着往下看。

男孩和女孩同村，家境差不多，而且两个人都是初中毕业就去深圳打工了。女孩的爸爸对男孩说，你照顾好她，等你们工作稳定了，我就考虑让她嫁给你。

由于没有文凭，所以两个人都在流水线上“三班倒”。

男孩上班在流水线，下班要么去网吧包夜，要么躲在出租屋看网络小说。在深圳三年，除了约女孩出来吃饭，跟在老家的生活几乎一致，基本没什么变化。到深圳之后，男孩最大的爱好有两个：缠着女孩聊天和打游戏。

女孩上班在流水线，下班就跟小姐妹们逛街。慢慢地，她被富饶的城市、美丽的环境、人人上进的氛围震撼了。

向往美好是人的天性，她开始学着打扮自己，学着去喝杯咖啡，学着去参加一些聚会。虽然从外貌上看没有什么大变化，可女孩自己知道，她不喜欢老家的生活方式了，她内心有个声音告诉她要改变、要留下。

由于是老乡，又有女孩父亲之前的承诺，男孩一开始就认为这女孩已经是他的女朋友了，每周都约女孩出来吃饭。他的想法很简单，盯住女孩，只要上几年班，有了回老家盖房子的钱，就

能跟女孩回老家结婚。

男孩约女孩出来时，一开始女孩自己出来，后来女孩带着闺密一起出来，再后来女孩就不出来了。男孩没办法，也进入了聊天谈恋爱的幻想中，他躲在宿舍，抱着泡面，找遍了网络上的聊天话题，日复一日地企图用聊天技巧让女孩回头，跟他恋爱结婚，而女孩越来越不愿意搭理他。后来，女孩离开了工厂，去了互联网公司做前台，一些收入很高的技术男开始追求她。

女孩最后告诉男孩：你是个好人，但是我们不合适，不要在我身上浪费时间了，你找别人吧。

理想很丰满，现实很骨感。这些现实让男孩心痛，但如果他不去改变，就很难赢得女孩的芳心。

当然，还有一些男性会说，我的情况跟他不一样。的确，有这样一些男性，上学时是“学霸”，工作之后很快就成了有车有房一族，是人们眼中的成功人士，他们不缺少女孩的爱慕，也有自己喜欢的女孩类型，可这些女孩不喜欢他们。于是，喜欢他们的，他们看不上；他们喜欢的，女孩不喜欢他们，高不成低不就。

这些看似跟其他男性不一样的类型的男人，其实就是太看得起自己了，总感觉自己是“最独特”“最努力”“最成功”的一个。

先说来自“老家”的天之骄子。

虽然这些男生凭着自己的努力考上了名牌大学，也许还和女孩在同一所大学，他们在“老家”的乡镇、县城、城市的学生里面是“学霸”，是强者，但在这所学校里，只不过是几千、几万名大学生中的普通男生。大学里都是凭借自己努力考上来的优秀学生，学习好这个特点，整个学校的男生都有，女孩为什么要从这几万个男生中选你做男朋友呢？你除了会考试外，还有什么优秀的点能够吸引女孩？比如，小说《微微一笑很倾城》的男主角肖奈不仅游戏打得好，还在努力创业。你的特点呢？哪怕只是有个阳光的外形也好啊！

再说那些总说自己有车有房的男生们。

或许在你的圈子里，有很多男生连大学都没有考上，而你考上了一所好大学；

或许在你的圈子里，你所在的单位好，你工作优秀，收入不错，甚至有车有房；

但那也仅仅是在你这个圈子里面比较优秀。

除了你的生活圈，社会还有更多的圈子，比较社会上的其他男生，你的优秀也许是微不足道的，还有很多男生的能力比你强。

你想追的女孩，如果她很努力，或许是和你一起从农村出来的，或许她家在城市，条件不比你好，但是她来到大城市，接触到形形色色的人与事，看到各种优秀的男人、女人，看到各种成功案例之后，也会开始学习，努力让自己成长起来。也许，她自已再努力一下，就能进入有车有房的状态。这时候，你这个总感觉自己是“最独特”“最努力”“最成功”的男人，也许在她眼里就很平常了，她更多地想看到的是你在其他方面的优势，比如生活和内涵。

如果这个女孩不够努力，很平常，那么能让“最独特”“最努力”“最成功”的你看上，肯定有她的独特之处，比如漂亮、有气质、温柔等。不仅是你，其他男人也会看到这些特点。比如比你车和房都多的人，既然姑娘这么好，他们也会追求她，这样你的车和房的优势就没用了吧？

所以，别动不动就跟女孩谈车和房，更别动不动就说有钱没钱的问题，女孩们只是希望能够找一个带领她迈向幸福生活，有才华和内涵的男人。

和女性聊天，男性要保持正常的心态

和女性聊天，男性要保持正常的心态，遵守以下几个原则：第一，要换位思考；第二，要保持应有的距离；第三，控制自己的言行；第四，用正常的聊天方式交流。

女性聊天的时候一般会考虑两个问题：你有资格跟我聊天吗？这个男人正常吗？

关于第一个问题，你的个人形象，以及你的朋友圈生活方式，对女性会产生重要的影响。因为她要先了解你是什么样的人，再判断你有没有资格和她聊天。这就像有的男性点进女性的朋友圈，要是看到这个女性长得丑，就会直接删除。

第二个问题是我们本节分析的重点。什么叫正常男人？比如，有的男性去找好哥儿们聊天，好哥儿们这会儿在忙，没空搭理。正常情况下的处理是：

如果不着急，既然哥儿们没空，没有时间回信息，那么就给哥儿们留言："等你一会儿忙完了，给我回个信息。"

如果着急，就会给哥儿们打电话，或者留言把事情说明，让对方赶快回话。

这个逻辑是正常人的思维逻辑，大家一般都是这么做的。知道你这会儿有事，那我也就不纠缠什么了。

当这件事情发生到女孩身上的时候，结果就很可怕了：

有的男生去找女孩聊天，女孩这会儿在忙，没空搭理他。然后，男生开始想："她不搭理我，是不是跟其他男孩聊天呢？是不是跟其他男孩约会呢？不行，我要联系上她，我必须跟她说上话。"为了让对方赶快回话，他就开始不淡定了。于是，我们看到了这样不正常的一幕：

"我跟你说话呢，你怎么不理我了。"

10分钟后——

"没想到你是这样的女人，没想到你这么虚荣，我不就是没钱吗？我要有钱，你早就扑上来了。

"咱们也算门当户对，我也有车有房，你凭什么不搭理我？"

30分钟后——

"你要是不喜欢我，你早说。我绝对不会缠着你，你不就喜欢×××，不就是因为他长得帅，用得着这么清高吗？

"你要是嫌我穷，你早说啊！我知道女人都是虚荣的、物质的，没想到你比我想的更过分。"

几个小时后——

"今天你对我爱搭不理，明天的我你高攀不起。"

1天后——

“我发誓，这一辈子不让你流一滴眼泪，不让你哭，只给你幸福，当我女朋友吧。”

（上述情况属于夸张的写作方法，请各位不要对号入座及吐槽。）

这个被骂虚荣、物质、假清高的女孩，其实正在工作，因为忙没理男生，或者没有及时回男生的信息。然后，这个“3岁小孩”的“炸药桶”爆炸了，男生开始抱怨女孩为什么不搭理他，开始讨好、威胁，求女孩搭理他，求女孩陪他聊天。像不像幼儿园的阿姨忙，没及时给小孩发玩具，小孩就开始哭，开始闹，质问阿姨：“阿姨，你为什么没给我发玩具？我到底哪里得罪你了？你为什么不给我发玩具？你给我解释一下为什么不给我发玩具。”

女孩本来就忙得要死，又被他这么烦着、纠缠着，真是要命！有的女孩直接就把这些不正常的男生“拉黑”了。

没有“拉黑”的，女孩对这个男生的好感也降到了冰点，基本上也不会再主动搭理男生。女孩越不搭理，男生就越疯狂，他开始找聊天话题，开始不停地给女孩发信息，打电话来表达他的爱意，几百个，几千个……最后，女孩忍无可忍，直接“拉黑”。

这就是女孩最怕遇到的思维方式不正常的男生。这种男生自私、幼稚，把世界上所有人都当他父母，只管索要。他能问出那些诸如“你凭什么不跟我聊天”的话，但从没想过，女孩为什么要跟你聊天，凭什么要跟你聊天？你又不是王子或者骑士。女孩跟你聊天，她获得什么了？

你说，因为你爱她，所以你要找她。好高尚的理由，是不是把自己都感动了？我悄悄地告诉你，我爱500万，你去找彩票中心帮我领回来吧。你说，这怎么可能呢？你爱500万是你的事，人家不爱你啊！哦！原来你也不傻啊！

好，既然你已经明白了什么是不正常，那么这种不正常可以修正吗？当然可以。下面我们就来修正这些不正常的行为。

一个人上学要考试，上班要工作，创业要奋斗，加班熬夜，培训学习等，很辛苦，也很累。好容易下班了，可以闲下来了，你想做什么？看电视，玩游戏，逛街……反正就是想放松，想找个轻松的事做。

那么，女孩呢？女孩是不是也是上学要考试，上班要工作，创业要奋斗，加班熬夜，培训学习等，她累不累？你是个大男人，一整天下来，都吃不消，想找个事情放松一下。女孩呢？她想不想？

既然大家都想放松，你找女孩聊天，每次上来就是“我发誓不让你留一滴泪”“我想跟你谈恋爱”这样的说辞，是不是让女孩瞬间压力倍增？想一想，在你烦躁压力大的时候，就算你的父母找你说话，你是不是都不能好好说话？何况女孩跟你连一丁点关系都没有，你不仅给她压力，还持续不停地让对方反感——一条接一条的短信、微信留言，一个接一个的电话。

女孩本来上班工作就很累了，有点休息时间又被你轰炸式地聊天骚扰，你自己想想，你发微信发到已经打扰到她的正常工作和生活，让女孩一看到你的微信就“压力山大”、反感讨厌的情况下，她哪有时间考虑什么感情?

我们来做一个对比，如果把你要聊天的女孩换成你妹妹，你会怎么做?

如果是你妹妹，你会考虑到：我妹妹正在上课，这会儿找她聊天影响她上课。——为她考虑，暖心男人!

如果是你喜欢的女孩，你会想：她这会儿在上课也没什么事，找她聊天，告诉她我有多喜欢她，她不喜欢是有多么大的错误。——自私自利！自以为是!

如果是你妹妹，你会考虑到：我妹妹正在上班，这会儿找她聊天，影响她上班。——为她考虑，暖心男人!

如果是你喜欢的女孩，你会想：我这会儿找她聊天，她怎么不搭理我啊？她是不是在跟别人聊天啊？——幼稚可笑！烦人缠人!

如果是你妹妹，你会考虑到：我妹妹昨晚熬夜加班，这会儿找她聊天，影响她休息，等她休息好了，带她去吃点东西。——为她考虑，暖心男人!

如果是你喜欢的女孩，你会想：她昨天晚上加班了，我这会儿赶紧联系她，告诉她我一会儿要去给她送吃的，让她看到我关心她，让她喜欢我。——自私自利！投机取巧!

如果是你妹妹，你会考虑到：我妹妹明天考试，我给留言祝福她顺利，回复不回复都行，我的祝福送到了就好，不打扰她。——为她考虑，暖心男人！

如果是你喜欢的女孩，你会想：她明天要考试，我这会儿赶紧找她聊天，趁机关心一下，体现出我对她的在乎，然后让她对我留下好印象。——投机取巧！自以为是！

如果是你妹妹，你会考虑到：我妹妹心情不好，找她也没回我，我得让她开心起来，只要她开心就好，我不要回报。——为她考虑，暖心男人！

如果是你喜欢的女孩，你会想：她不开心了，我赶紧找个聊天话题逗她开心。如果女孩不搭理你，你会抱怨："我为了让你开心，都去找聊天话题了，你竟然不知好歹，不搭理我，高冷女！"——投机取巧，自私幼稚！

如果是你妹妹，你还会考虑到：我妹妹感冒了，问问她好点没，她没回我信息，估计是吃药睡了，晚会儿再找她……

对比很明显吧？当你跟你妹妹聊天的时候，你一直都在考虑你妹妹的情绪，一切都是按照正常人的逻辑来思考的，为什么一旦跟女孩聊上天，整个人都不正常了呢？让对方跟你聊天、相处时轻松和愉快，是你应该做的。不管是男是女，不管是家人还是朋友，我相信你也不喜欢被别人纠缠得气都喘不过来吧？

推己及人，你在和女孩聊天的时候，一定要保持正常的心态，遵守以下几个原则。

第一，当你要找女孩聊天时，请先换位思考，说话、做事都要严格秉承“己所不欲，勿施于人”的原则。

第二，请牢记，你跟女孩的关系是你喜欢女孩，女孩还没有确定是否喜欢你，所以要保持应有的距离，不要以为你喜欢女孩，女孩就是你的。

第三，如果你实在像个小孩一样无法控制自己的言行，请你把女孩当你妹妹去对待，用平时跟妹妹聊天的态度、方式来对待她。（我相信，你跟你妹妹不是每天都聊天，也不会每天都说“我爱你”。）

第四，请你以正常人的状态对待她，跟她交流。具体来说，你跟你的朋友是怎么说话的，跟她就怎么说；跟你的朋友聊些什么，就跟她聊些什么。这样就可以了。

千万不要幻想加了微信好友，你就有了跟她恋爱的机会；更不要幻想跟她聊几天、聊几次就能发展成情侣。如果你的女儿加了个男人的微信，跟着男人聊了几天，那个男人就非要让你女儿当他女朋友，你会认为那个男人是个正常人吗？

掌握有趣的话题，跟谁都能聊不停

带着脑子来聊天，是跟谁都能聊不停的重要前提。这样，有趣的话题，比如好奇式聊天、求助式聊天等，才能发挥出其应有的作用。

在谈有趣的话题之前，我必须先要强调一个重要的前提：请带着脑子来聊天。为什么这样说呢？看看下面的例子就清楚了。

平时，遇见熟悉的人，我们常会问“吃了吗”“在吗”“忙不忙”，这是非常正常的打招呼。而下面两个例子中的男生就是典型的没脑子。

例一：

男：忙吗？

女：在忙呢。

男：在忙，忙什么呢？

（想不想揍他？我想！）

例二：

男：在吗？

女：在。

男：你是 ×× 人吗？

女：老家么？是的。

男：是 ×× 学校，×× 系专业的？

女：嗯。

男：我同学也是 ×× 学校，×× 系毕业的。

女：哦。

聊天结束。

这次，我们依然用上边这两个例子来开场，不同的是，这次会聊出正常、轻松的感觉来。

例一：

男：忙吗？

女：在忙呢。

男：你先停一下，我这里有个人，在微信上打听你，他说要跟你学做蛋糕。

女：不会吧，谁啊，我又不会做蛋糕，搞错了吧？

请问，这会儿女孩是想跟你聊天，还是要继续忙呢？

例二：

男：在吗？

女：在。

男：能帮我个忙吗？

女：怎么了？

男：如果一个女孩跟一个男孩表白，这个男孩不喜欢她，怎么能在不伤害女孩的情况下，拒绝她呢？

女：是你？

男：朋友问我的，我不懂怎么回他了。

女：……

是不是开始聊了？如果说这个女孩给你的意见够好，你可以说，我朋友用你的方法解决了这个问题，想请你吃饭表示感谢，约会的机会是不是又来了？

我知道，有些男孩会说，那她要是不出来约会呢？说明你很弱，没有魅力，女孩感觉不值得跟你见面，所以拒绝了。你就是有再厉害的聊天话题，也是约不到女孩的。

下面回到正题：这次用的还是“你在吗？忙吗”的开场，却成功地把女孩吸引住了，甚至往下再聊天，怎么约会我们都已经布置好了，这就是带着脑子聊天。

当你开始跟一个女孩聊天的时候，请考虑：你因为什么找她，要怎么轻松、好玩地表达这件事，怎么把事情转接到邀约她这个话题上。围绕这个核心，才是一个聊天好的开始。这个核心的内容你想明白了，你就要跟女孩开始聊天了。

千万不要说“因为我喜欢她，我爱她，所以我要找她聊天”。喜欢她的人很多，爱她的人也很多，大家都拿着这个借口去找她聊天，你的聊天不值一提。那么，说些什么才好呢？你不妨采用以下的方法。

信息聊天法

你想跟女孩聊天，首先要掌握一定的信息。比如，女孩喜欢吃什么、玩什么，喜欢什么宠物，喜欢什么样的演出、什么样的生活状态，喜欢喝茶还是咖啡，喜欢滑雪还是潜水。

也许，你会说，我怎么知道啊？去看她的朋友圈啊！你不会加了一个女孩的微信，就只看人家长得漂亮，在幻想中跟她谈恋爱吧！

从女孩的朋友圈里找到你熟悉的，记住，是你熟悉或者你了解的信息。比如，你以前当过海军，女孩去海边玩，大海就是你们的联系话题。找到这个信息，就可以开场了。

下面讲一个我的亲身经历。我在微信里加了个女孩，她总在朋友圈发一些做小蛋糕、烤小饼干的照片。她很喜欢这些，我偶尔会给她点赞。我看到她最近发了张很漂亮的蛋糕照片（这种蛋糕工艺比较复杂，在酒店里很常见，很难在家里自己做出来），上边写着“生日快乐”，配的文字是“真想有一个”。

我把这张照片保存下来，然后找她聊天。

我先把这张照片发给她。

我：是生日快乐，还是馋了？

女：馋了。

我：看着就很好吃，估计咱们这儿做不出来这个样式。

女：要是有场地，我就能做。

我：你吹牛吧？这得是米其林大厨级别的手艺了。

女：这是蛋糕，不是菜，是蛋糕师做的。

我：貌似你很懂这个，我要是帮你找家功能厨房，你能做一个不？

女：为什么我要做？

我：因为你馋了，我也馋了！做好，分我一块呗。

女：哈哈，你能找来做蛋糕的厨房？

我：法国餐厅的开放厨房，行不行？

女：我不知道，要去看看。

我：周六，你来 ××× 吧，这地方的法餐大厨是我的朋友，我借他的地方。

女：可以啊。我先去看看，如果可以我就做。

我：特别提醒，原材料自备啊！

女：小气鬼，信不信我做好不分给你？

我：我要借给你厨房，最后吃不到蛋糕，信不信我抢你做我的“压寨夫人”！

我：特别奖励，如果你真能做出图片上这个蛋糕，我请你吃法国大餐，附带冰酒一瓶。

女：这么好？

我：处罚措施，你要是做不出来图片上的蛋糕，做出来的蛋糕你必须全部吃掉。（好吃的话，难看点儿也行，我帮你吃。）

女：哈哈哈哈，那我要注意把蛋糕做精致一点，省得我做坏了，吃不下。

我：所以，这几天你要准备一下喽。我要出门办事了，你做蛋糕缺材料，记得不要叫我。

女：好的，周六别放鸽子啊！

我：我会拿着摄像机准时到。万一你做不好自己吃，我负责录下来，到时候你给你的孩子看。

女：阴险，快走吧。

等到我已经到了办事的地方，女孩用微信给我留言：“缺材料不要叫你！我突然有种想揍你的感觉，白让我温暖半天。”

我：我说了材料自备。

女：我看成材料不够了叫你，我白高兴了半天，材料费用一人一半啊！

我：哈哈，好的，以后你会更开心的。我先忙了。

聊天分析：

聊天话题的核心：

从女孩的朋友圈看到她喜欢做糕点，以做糕点为聊天核心，提供场地帮她完成梦想，达成见面。

信息获得：

女孩的朋友圈。

聊天方法：

信息聊天开场，延续话题到做蛋糕（前提是女孩想要蛋糕）。

话题展开：

因为女孩爱做糕点，又很想获得一个照片里的蛋糕，所以引导女孩去以做蛋糕为理由达成邀约。

好奇聊天法

好奇聊天法，就是利用人们对未知事物的好奇，对八卦事情的好奇，引导对方去聊天的一种方法。比如，有位学员跟女孩加了微信好友，但没有聊过天。学员是某家银行的员工（管理信贷），女孩是某上市公司的财务人员，经常跟银行打交道。双方仅仅在贷款交材料的时候见过一面。

我让学员找了一张非常可爱的小猫图片，让他把图片发给女方，然后等待女方产生好奇。（有人会问，如果女孩看到图片不回复怎么办？女孩不回复，你又不损失什么，她还在你的微信里面，你需要先停下来，再分析想办法。如果打了三次招呼，女孩都不搭理你，说明你的朋友圈跟女孩不在一个生活层次。）

男生发出图片后半小时，女孩总算有了回应。这时候，男生一定要有耐心。耐心是通过聊天赢得恋爱的关键。（不耐心等也不行啊，你又不是皇帝、王爷，女孩也没承诺对你不离不弃，所以当你主动找女孩聊天的时候，请耐心些，平心静气些。）

女：你这是？这小猫好漂亮啊！

男：这是我家里来的小客人。

女：小客人？

男：我朋友去上海学习了，他这个“小儿子”没地方养，就寄养到我这里了。

女：咦，以前听说过“狗儿子”，今天又听到了“猫儿子”。

男：这可不是一般的小猫，它不仅会卖萌，还会翻跟头呢！

女：真的假的啊？

男：给你录个视频。

女：好啊！

男生捣鼓了一会儿，给女孩发了个视频。视频里，男生正在一个会议上做现场演讲，题目是一篇关于央行M2货币政策调整和走向对个人房产的影响。

女：你发错了吧。

男：按错了，我撤回，重新拍。

女：别撤，让我看看。

过了一会儿，女孩看完了。

女：这种视频还有吗？感觉你在房贷这件事上说得很对，我想多了解一些。

男：大活人在这里呢，有事直接问呗。

女：你是银行的，还是搞民间融资的？

男：×× 银行的，负责信贷业务的。

女：怪不得咱们是好友呢！我们公司贷款的时候，咱们应该见过吧？

男：对。

然后，两个人就房子的贷款、利率、理财、银行政策等聊了将近一个小时。

最后，双方约定周六一起去售楼部看看房子，因为女孩的弟弟一直说要买房，但是她一直不敢决定。看房子的时候，男生帮女孩计算了贷款利率，女孩晚上请男生吃饭。周日，两人又一起去看别处的房子。

事后，男生问我：左右哥，您怎么知道她会对房子感兴趣？

我：目前，国内有不关心房子的人吗？很少吧？

男：我为什么不能直接跟她说我是银行的，然后向她展示我的银行知识呢？

我：那不成显摆了吗？人家女孩对你连点印象都没有，你直接就显摆，我知道房贷利率！我知道金融政策！是不是很烦人？

男：哈哈，一开始聊天就说这个，是不太合适。

我：所以，要你把你是银行职员的这个优势无意识地释放出去，不是咱们显摆的，而是她自己发现的。这时，她就会好奇。而且，这信息里还有她关心的房子问题。你说，她能不想聊聊？

男：如果她不想买房，我不就没法聊，没法约了？

我：那你不会告诉她，你们银行分析房价又要涨，某楼盘有不错的内购价格，你让她来看看。你说，她来不来？

男：正中软肋啊！想赚钱肯定来，哪怕来看看不买呢。

我：而且，你还是银行的工作人员，算贷款时还能帮她，这么多好处呢！

只有创造条件让女孩跟你见面了、约会了，女孩才能看到真实的你。所以，在第一次约会前，我们只需要动脑子怎么让女孩出来约会，怎么在约会中让女孩看到你是不错的，这样就行了。

男：下面我该怎么办呢？

我：把重点放到布置下次约会上去。

聊天分析：

聊天话题的核心：

先以一张小猫的照片引发女孩的好奇；又以小猫会翻跟头，引发女孩再次好奇，保证女孩会打开视频；然后看到视频里的高价值内容，利用人类对财富的需要，产生吸引，达成见面。

信息获得：

无。

聊天方法：

好奇聊天开场，引导女孩发现男生的金融价值（前提是女孩对房产感兴趣）。

话题展示：

1. 很多女孩都对小猫、小狗等卖萌动物毫无抵抗力。男生就是以此为敲门砖，跟女孩建立起了聊天联系。

2. 一张小猫的照片是没有危险的，女孩会好奇男生为什么发这张照片。

3. 以小猫会翻跟头，引发女孩再次好奇，保证女孩会打开视频，看到男生银行的工作和专业知识，向女孩输出男生的优秀价值。

4. 女孩相信男生的专业知识，相信必然会依赖（人性的懒惰），为了让依赖变成兑现的实际好处，那女孩会选择跟男生见面。剩下的事，交给约会就好。

提示：

要带着脑子聊天。好奇有很多种，照片、视频、故事又或者是你用于聊天的话。

制造好奇，比如男生说的“这可不是一般的小猫，它不仅会卖萌，还会翻跟头呢”引发了女孩的好奇。

所以，聪明的你，开动脑子去找吧。

求助聊天法

男：在吗？

女：嗯。

男：有件事想请教你一下。

女：什么事？

男：我看你的朋友圈里面有个插花视频，是你做的吗？

女：嗯，我在学习。

男：这地方在哪里啊？

女：在文化路，你也要来学插花？

男：我一个男生学这个干吗？这不快母亲节了，我想去找花艺老师设计一个节日礼物。

女：母亲节礼物，你去花店，买现成的不就行了？

男：……那也太不走心了，还是自己设计的好，感动一下我家老太太。我想请花艺老师帮我设计个样子，我自己做着看，做不好再请花艺老师帮忙。

女：突然感觉你妈妈很幸福，我也去给我妈妈做一个。

男：干脆咱们搭档吧，一起给两个妈妈做礼物，我出创意，你出技术。

女：是你动嘴，我动手吧？

男：哈哈，对于你，会者不难；对于我，难者不会；互相帮助，大不了完成了，我请你吃饭，地方随你选。

女：很滑头啊，你。我考虑一下。

男：那好，你考虑。你几号去学习插花，我去看下店里老师的手艺，到时请你给我先介绍一下。

女：我除了周六，天天下午都在。你随便选一天过来吧。我帮你跟花艺老师沟通。

男：好的，谢谢。

当男孩完成礼物后，为了表示感谢，去邀请女孩吃饭时，女孩也认为这是男孩应该请的。他们前后已经自然地达成了两次约会。

看到这里，估计用心的人都看明白了：求助聊天法，就是以一件事情为理由，向女性寻求帮助，来解决问题的过程。当然，最后需要解决问题的时候，你们两个最好面对面地一起去解决。

这个求助最好是跟情感有关的，比如父母的情感，姐弟、兄妹的情感，亲戚的情感。这是每个人都无法逃避的情感，这样的聊天可以避开现实的金钱、房产，也更能让女孩放下戒备之心。当然，聊天的最终落脚点，还是邀请女孩跟你见面，实现聊天为了邀约的目的。

聊天分析：

聊天话题的核心：

以女孩会花艺为开场，引出男孩要做花艺礼物送妈妈当母亲节礼物，向女孩求助，请她帮忙完成礼物，引导女生达成见面。

信息获得：

女孩的朋友圈。

聊天方法：

“信息聊天 + 求助聊天”混合开场，以给妈妈送母亲节礼物为理由，引导女孩进入聊天。

话题展开：

首先，向女孩求助，请她帮助做花艺，来实现用心做礼物送给妈妈的愿望。这个愿望是充满孝心的，女孩就是不想聊，也无法直接拒绝这样的聊天。做礼物这件事，男孩也只是询问一下相关信息，不需要女孩投入任何精力；而且帮忙传递一下消息，就能帮花艺老师接一单生意，还能让男孩的孝心得到满足。简单的一件事没有任何损失和危害，还挣到两份人情，女孩是很难推脱的。

其次，女孩会做花艺，男孩不会做，所以就算男孩不请女孩帮忙，当男孩到达花艺店开始做礼物的时候，女孩出于朋友的关系，也会帮忙的。这为下一步感谢女孩帮忙，感谢她请她吃饭又打下了基础。

高价值聊天法

去年，我在上海考察自贸区项目期间，遇见了一个女孩，加了微信好友。

女：你是做电商的？

我：国际商贸中间服务，你有生意要照顾吗？

女：没有。

我：哈哈。我还以为咱们要以聊生意开场呢！

女：不懂。

我：这会儿我在聊个事情，晚一点再联系。

女：好的。

当天聊天结束。

（这不是聊天技巧，也不是欲擒故纵。我当时要去码头看货柜，没时间聊。）

两天之后。

我：冒昧地问一下，你对上海熟悉吗？

女孩：还算可以。你要问什么？

（我给她看了一张上海的房产报价图片。）

我：这上面的报价靠谱吗？

女：每平方米 7 万到 9 万元，还有商量的余地。

我：那可以谈一下。以你的经验，这会儿从外滩到上海交大方便吗？

女：方便，只要不堵车。避开高峰期就好。

我：看来我妹妹没骗我。一开始我还以为她是为了要找这个位置的房子呢！

女：你妹妹？她也在上海吗？

我：在交大上学。

女：要在外滩买房子啊？

我：看完《欢乐颂》，就对黄浦江边的房子很喜欢。也算是投资吧！

女：哈哈，喜欢要买得起才有用，那里太贵了。

我：今年经济不大景气，自己的钱借出去危险，放手里也危险，分散投资吧。

女：看来你很有实力。对了，有没有什么好的投资建议呢？

我：没有。房子也是贷款买的，赶上了好政策。正好我妹妹想买房子，就凑一下。

投资的话，目前最好的是 ×× 行业，这个行业的成本主要集中在人工上。

女：这么大方的哥哥，真是不错。关于投资，我不太懂，也没有什么经验。

我：现在经济不太景气，大家都在拼命学习，以保证自己不被裁员。×× 就是最好的行业，巴菲特的逻辑。

女：眼光不错，看上外滩的房子。你也在上海？

我：怎么说呢？目前这个情况，想把分公司开过去。

女：看来你公司的运营情况还不错。

我：我是不会投资房产的。这次来上海买房只是满足妹妹的一个愿望。

女：那边的小户型也不便宜。

我：不好意思，我们要开视频会议了。感谢你的解惑。冒昧地问一下，如果有时间了，可不可以在上海吃个饭认识一下？到时还请你做导游，带我游览上海。

女：好的，一定。

我：OK，那我先忙了。

女：好的。

第二天上午，女孩主动给我发了信息。

聊天分析：

聊天话题的核心：

女孩在上海工作，我以妹妹想要在上海买个小房子为理由，向女孩求助，咨询一些关于上海房产的问题，引导女孩跟我进行聊天，达成见面。

信息获得：

女孩的朋友圈。

聊天方法：

信息聊天 + 求助聊天混合开场 + 高价值聊天，以给妹妹在上海买个小房子为理由，引导女孩进入聊天。

话题展开：

我从女孩的朋友圈观察到女孩对上海很熟悉，所以话题设计如下：

以我想要在上海买房为理由向她询问，她是不会过分推辞的，因为对上海的了解是她区别于我们（外地人）的明显特征，她会很开心有人需要她这个特征。这就好像你是体育生，有人请教你怎么跑步的时候，你肯定是愿意帮他的。然后，再展示一下我买房的原因是为了我妹妹，让她感觉到这个男人很绅士。

和女性聊天，男性要注意哪些细节

和女性聊天，男性还需要注意一些细节。比如，要掌握话题设计的原则；朋友圈的形象也要着重设计；聊天既需要精心设计，又需要注意分寸等。

如何才能成为聊天高手？除了具备和女性聊天的资格，保持正常的心态，掌握有趣的话题，你还要注意以下细节。

聊天邀约三要素不可少

只要认真阅读前面的文字，你就不难发现，我一直在做聊天分析。什么是聊天分析呢？具体来说，就是对聊天邀约的三要素进行分析。那么，**聊天邀约的三要素又是什么呢？它主要包括以下几个问题**。

一是信息获得。**就目前来看，信息主要来自朋友圈和QQ**

说说。

二是聊天话题的核心，即因为某个理由，所以我要跟她聊一下。

三是话题展开，即如何利用这个理由，跟女孩进行聊天，并达成约会。

看到这里，大家是不是就理解了，为什么我一直强调要带着脑子去聊天。跟一个女孩聊天前，你要首先设计好聊天的内容，要先分析该聊天的可行性。只有这样，才能提高聊天的成功率，实现邀约的目的。

现在我们就来分析一下。

先看信息获得。

至于信息的来源，我在上面已经一再强调，主要是朋友圈和QQ 说说。这里不再赘述。

再来看聊天话题的核心。

你先要找到聊天的核心是什么，而且这个核心不能违背聊天是为了邀约这个原则。然后，你要动脑筋想一想，选择什么理由要跟她聊一下。这个理由一定要是实际能去做的事情。比如，因为看你吃的好，聊去吃好的；因为玩的好，大家去玩一下等这些实际的、需要人陪伴的事。这样，你才能有机会约她。

最后来看一下话题展开。

所谓话题展开，就是找到这件事情可以向约会延伸的理由。

比如，高价值聊天中的理由，就是因为她是上海人，我是外地人。我如果真的要去上海买房，那是肯定需要本地人帮助的，所以我去约她，要容易得多。

比如，求助聊天中的理由，就是因为她会花艺，所以向她打听花艺是能够让她接受的，而且花艺是需要到现场去看产品的，那么既然是朋友，她陪着你去就是理所当然的了。

那些一张嘴就说“因为我爱她”的人，需要认真学习一下前面的内容。

这个时候，动脑子的人，肯定就要问了：“我就是没有那么多理由啊！”“我没有那么多话题啊！”

不知大家发现了没有，所谓的话题，其实就是我说的理由。

朋友圈形象和个人外在形象的设计同样重要

第一，**设计你的发型，穿好你的服装，使它们跟你所在城市的时尚要一致**。比如，你在上海，上海的型男怎么打扮，你也要与之类似。

第二，**请一定先把你的朋友圈跟女孩的朋友圈进行对比**。如果朋友圈里的生活环境、工作环境等都跟女孩的很类似，再去聊天。否则，女孩会当你是男“如花”。

第三，**头像是朋友圈里最重要的位置，你放什么头像，女孩就可能按照这个样子去判断你，和你约会**。如果你放的头像是张帅气的男明星的照片，而本人根本没有与这位明星类似的气度和形象，约会就很难成功。

聊天既需要精心设计，也需要注意分寸

第一，女孩希望通过聊天看到的是一个稳重的男人，不是一个成天喊着“我要女孩，我要恋爱”的小孩。

第二，没事不要总找女孩闲聊。天天找她那是男朋友的专利，你们才刚认识，在没有成为男朋友前，不要总是烦别人。

第三，你需要有个理由才能找她，没话找话是最蠢的聊天方法。打着“我爱她，所以跟她聊天”的旗号的则更蠢，很多男人都是因为打着这个旗号被拒绝的。

第四，聊天时请注意掌控时间。

第

04

章

魔鬼约会，用脑用心，不断把她约出来

第一类约会，又称魔鬼约会，是指男性跟女性从第一次见面，到双方筛选满意，到女性再度对男性审视完毕，发生牵手等轻度的亲密接触的这个阶段。⚜

排除错误观念，正确理解第一次约会的意义

第一次约会的目的，就是两个没有见过面或者两个不认识、不熟悉的人，通过本次约会来互相熟悉、了解，以保证对方初步印象是符合自己择偶标准的。

在我的分类里，约会形式分为两类：第一类约会和第二类约会。本章重点介绍前者。

所谓第一类约会，是指男性跟女性从第一次见面，到双方筛选满意，到女性再度对男性审视完毕，发生牵手等轻度的亲密接触的这个阶段。

这个阶段，越是可选空间大的女孩，越是容易犹豫徘徊，因为她们没有明确的男朋友标准，却有很多追求者。她们感觉这个也好，那个也不错，很难做出选择。她们怕一旦选定了男朋友，有一些优秀的追求者就会撤退。万一这次选错了，优秀的追求者又走了，那就得不偿失，所以她们就会一直犹豫，但又谁都不想失去，给人的感觉好像跟男人们都暧昧不清。暧昧久了，有些男

人就成为“备胎”了。

越是优秀的女孩，筛选力度就越大，因为这些优秀的女孩本身就是企业的高管、白领，她们收入高，追求高质量的生活，甚至有些女孩因为一直忙于工作，没有过恋爱的经验，对爱情还抱着一些幻想，所以对男朋友的要求也很高，对恋爱的感觉和浪漫程度的要求更高。也正因为如此，有些男人拼命地付出和追求，也丝毫不能打动她们的心。

总的来说，第一类约会就如同跟魔鬼在打交道，不仅要用脑，还要用心，稍微有一点不注意，女孩对你的好感就荡然无存。唯有时刻小心，你才能进入第二类约会。因此，第一类约会又有“魔鬼约会”之称。

我们熟悉的相亲、介绍见面、网聊第一次见面等，都属于第一类约会。凡是跟女孩约会了几次，然后被拒绝的，都属于没有通过第一类约会筛选的。第一类约会的难度取决于女孩，女孩经历越少，年龄越小，通过的难度就越小；反之，难度越大。

在课堂上，很多学员问我，第一类约会和第一次约会到底有什么不一样的地方。在这里，我们先把第一次约会的目的弄清楚。（相亲的第一次见面和相亲后的第一次正式见面合并称为第一次约会。）

第一次约会，多数男性都会认为，这是在女孩面前表现的一个非常重要的机会，甚至认为可以通过第一次约会的好表现，确定恋爱关系。他们会说，你看，我的朋友就是第一次约会后跟女孩确定了关系的，所以我在第一次约会时好好表现是没错的。

那么，第一次约会的目的到底是什么呢？

其实说来也很简单，第一次约会的目的，就是两个没有见过面或者两个不认识、不熟悉的人，通过本次约会来互相熟悉、了解，以保证对方的初步印象是符合自己择偶标准的。

比如，以网络聊天这种方式结识的双方，会通过第一次约会来判断对方的身高、长相、穿着、性格、说话是不是跟网上的照片一致，是不是和聊天的时候一致。如果网络聊天的时候，男方大方、开朗，可见面后，畏畏缩缩、紧张、焦虑，那么女孩肯定会失望。

相亲也一样。因为媒人会把双方都夸得像一朵花一样，所以相亲的双方更愿意直接面对面，以确保媒人说的是真的。如果媒人夸大相亲人的实际情况，那么女孩也可能在见到男方的时候失望。

目前，中国男多女少，多个男性主动追求一个女性的情况很常见，各种幼稚纠缠、自以为是的“妈宝男”让女性对男性的失望程度也越来越大，女性越来越在乎第一次约会的感觉，也越来越重视第一次约会时候男性面对世俗社会的成熟反应。

“我们不合适！”这话真的没骗你。既然第一次约会这么重要，面对女性的筛选，那么是不是应该全力准备才好，准备完美了，再去面对女性的筛选呢？这种想法“害死”了多少男性啊！

现实情况是，凡是把第一次约会当成正式约会的男性，能够获得第二次约会机会的不超过 5%。这是为什么呢？

先说一个情况。不知你有没有注意，你身边的情侣说起他们的相识，记忆最深的根本不是在面对面吃饭、聊天、正式约会这些，而是下面这些。

女孩说：“我那次无意间去听了一场演讲，他在台上慷慨激昂地把全校辩论冠军搞得很是尴尬，然后我就想看看他是哪个系的。打听多了，就被学长安排跟他见面了。”

女孩说：“我在工厂门口看到一个男孩在照顾几只流浪猫，感觉他好有爱心。结果，下午我哥说带朋友来吃饭，就带着他出来跟我和嫂子一起吃饭来了。由于对他照顾流浪猫的感觉特别好，所以我就关注他了。”

女孩说：“我在单位宣传栏看见他做好人好事的事迹报告，然后被安排给他的事迹报告做了主持。我为了写好主持稿，中午去找他聊了一个中午，感觉他人真的不错，就对他特别关注。我们领导发现后，就推着我们见面约会。”

女孩说：“那次我们公司篮球比赛，他一个人带着全队在比分落后的情况下，硬是打赢了，我感觉他特别坚忍，就向人打听他叫什么。然后，我闺密的男朋友就把我‘出卖’给他，他就约我出去第一次约会。”

……

大家看上边的故事是不是感觉很熟悉？事实上，大部分约会都是这样开始的，当然也有正式相亲成功的。大部分的第一次约会前，男女双方在不熟悉的情况下已经有了好印象。因为男孩的努力上进，让女孩已经有了好感，然后第一次约会时女孩就会去确定这个男孩是不是真的那么好。如果真的不错，就会有第二次、第三次约会，直到最后走向成功。

聊天的时候，我让大家动脑子，找理由邀约她，让女孩先被你的某点产生好感，然后再进行第一次邀约，也是这个道理。比如，前文中给妈妈送花的聊天，让女孩看到你的孝顺；照顾小猫，然后让女孩看到银行工作的聊天，让女孩看到了你对小动物的爱心和工作上的努力上进。

而那些没有给女孩留下任何印象，就直接去第一次见面约会的，大多数都陷入了“女孩不搭理我”的困境。这是因为，这种邀约方式太直接了，就好像在跟女孩宣布：“奉天承运，皇帝诏曰：朕要跟你约会了，你要准备了。”又好像下了一份挑战书给女孩，邀请她来打擂台。

然后，女孩就准备考察你，筛选你了，甚至还会在家里准备好提问大纲。在女孩眼里，这就已经不是约会了，而是“找毛病大会”。胖是毛病，瘦是毛病，高是毛病，矮是毛病，连笑起来脸上有褶儿都是毛病。

你是不是觉得好冤枉啊？我是来约会的啊！对啊，第一次约会本来就是互相挑选的啊，既然男人把约会搞得这么正规，跟谈判一样，那女孩肯定会带着放大镜找毛病。世界上谁都不完美，所以一挑一大堆毛病，最后男孩很可能被淘汰。其实，有些被淘汰的男孩真心不差。

怎么办呢？先不要慌，想想我说的打篮球的男孩、演讲会的男孩、喂猫的男孩，他们的女朋友怎么没挑他们高矮胖瘦、成熟幼稚呢？因为女孩先入为主了。比如，打篮球的男孩说话有些直性子，没事儿，他的性格就是这样，要不怎么能打赢比赛，以后我教他怎么跟别人沟通，他其实并没有恶意。喂猫的男孩有点内向，没事儿，他有爱心就好，我陪着他多出去玩玩性格就开朗了。看到没有，这些印象不是约会，但比约会效果更好。

明知道女孩第一次约会会进行挑选，你还冲上去让人家选，就好像明知道山上有机关枪阵地，你还非要冲上去一样。所以，今天开始，我们要和女孩进行第一次约会就约“不是约会的约会”。这次约会只为了给女孩留下好印象，但不给女孩来筛选我们的机会。这样，约会成功率就会提高很多。

轻松、好玩是吸引不熟悉的她的第一要务

第一次“不是约会的约会”时，玩得开心、轻松、愉快是非常重要的，男性的精力重点应该放到如何让大家玩得开心上去，比如安排更多好玩的事情。

不是约会的约会？很多人听到这种说法的时候都一脸懵懂。约会就是约会，不是约会就不是约会，怎么能混到一起呢？

那么，在大家眼里，什么才是约会呢？首先，参加人物要有一男一女，这是必要条件。其次，他们要一起做一些事情，面对面交流，通过做事和交流让自己在对方心里留下好印象。当然，在本书里面，特指男性通过做事和交流让自己在女性心里留下好印象。好印象的多次累加会让女性产生安全感。在这一过程中，女性会看到你，知道认识你，虽然不了解你，但渐渐对你有好印象。只要满足了以上条件，都是约会。

如果我以品尝有机水果邀请会的名义，邀请女孩参加有机农场采摘活动，通过采摘活动让她看到我安排事情的能力、管理农

场的能力，从而给她留下好感，算不算约会？她是来参加采摘会的，又不是来跟我相亲的，她会想到挑选我吗？我要不要趁着机会表现一下，让她看到我的能力，留下好印象啊？

先回答第一个问题，这不算严格意义上的约会，但客观上起到了约会的作用，实现了约会的目标。至于要不要趁机表现，我劝各位不要这样想，因为你自认为的表现自己，在女孩的眼里可能会完全走了样，她可能会认为你在刻意、做作地表演。

需要重点注意的是：

第一次约“不是约会的约会”时，必须明确大家出来是为了玩，玩得开心、轻松、愉快是非常重要的，那么你的精力重点就应该放到如何让大家玩得开心上去，比如可以安排更多好玩的事情。当这次约会结束，别人问女孩去哪里了，她能回答“我去了水果农庄，可好玩了”，那么对你的印象就留下了。因为是谁带她去农庄的呀？是你。是谁让她玩得这么轻松的？是你。这样，你就给她留下了印象，和你在一起轻松、愉快、好玩。

当你约女孩出来的时候，如何约会很重要，讨好她是最傻的行为。千万不要琢磨要怎么趁着这次出来玩的时候讨好她，表现自己。当你开始表现自己，她就知道你想当她男朋友，她就又开始筛选你了，然后你可能又会由于某些小原因被“干掉”了。

如果你以你家搬家需要新的窗帘、室内摆设为理由，邀请女孩一起去家纺城购买家纺呢？通过逛街，照顾好她的情绪，一边逛家纺城，一边吃冰淇淋，一边讨论你们对家装布置的看法，算不算约会？留不留得下印象？她又不是来跟你相亲的，请问她会想到挑选你吗？

如果在健身房，你以你想买专业的运动服装和鞋子为理由，邀请女健身教练帮忙买健身服装和器材，晚上还能感谢她，请她吃饭，这算不算约会？留不留得下印象？她又不是来跟你相亲的，请问她会想到挑选你吗？

是不是有点想明白了？

正式向女孩发出约会邀约，女孩就会严格地、正式地挑选你，因为这是给她自己挑男朋友、挑老公，牵扯她后半辈子生活的核心利益，肯定是要挑最好的。

而在“不是约会的约会”中，你们只是出来玩的，你跟她没有任何利益关系，她不在乎你是否符合她的择偶标准，因为大家都没有配对恋爱的想法。也正因为如此，又加之没有利益牵扯，她更能容易对你留下印象。

当女孩因为“不是约会的约会”对你留下印象时，不管这印象是好玩、轻松，时而成熟、时而幼稚，还是有时候男子气，有时候又很呆萌，你会发现，就连幼稚和猥琐都成了可爱的好印象。因为女孩知道没有完美的人，你的优点是多于你的缺点的，你还是不错的。并且，你又没要求当她男朋友，她跟你之间没有后半辈子的利益牵扯，跟你一起出去没有压力。

有人会疑惑，如果不去挑明恋爱的目的，约会不就成了朋友间的玩耍了吗？我和她会不会卡在朋友这里？

当然不会。我既然让你这么做，就有解决的方法。还记得第一类约会的定义么？所谓第一类约会，是指男性跟女性从第一次见面，从双方筛选满意，到女性再度对男性审视完毕，发生了牵手等轻度的亲密接触的阶段。

当在第一类约会中，第一次约成了“不是约会的约会”，那么接下来，你在发生牵手等轻度的亲密接触之前的约会中，都必须保持一样的轻松、好玩。这样，才能让女孩对你的感觉越来越好。

而且，第一类约会是不限时间的，有的人可能要约两次，有的人可能邀约三四次。不管几次约会，只要没有自然地达成轻度亲密接触的机会，就不要去打破这种好玩、轻松、愉快的感觉。

这个阶段，也是一个恋爱“死亡”的高峰阶段，很多男生又开始犯傻。学员安妮遇到的男生就是这样。

安妮：我感觉很可惜，真的很可惜。我都动心了，但还是不得不删了他。他现在太烦人了。

我：他怎么烦你了？

安妮：一天给我打了23个电话，还一直发微信问我在哪里。

我：那你怎么又觉得很可惜呢？

安妮：一开始的时候，他找我去看画展，约我听音乐会，看话剧，看花展，感觉跟他出去玩很轻松，很舒服。他很会照顾人，我对他的好感是非常大的。

我晚上有时候睡不着，也最想跟他聊天，有几次梦里有梦见他了。其实，心里都快把他当男朋友了。有天嘴贱跟他说，我梦见他了，我怕是动心了。

我：然后呢？

安妮：我说完这话之后不久，正好公司有个新项目，我简直“忙成狗”了，天天加班，天天改方案，我们联系的频率就降低了。这时候，他就开始频繁问我在哪里，在干什么。我要是不回他，他就开始长篇大论地给我留言，说什么“爱情要坚贞”“恋人要互相公开密码”的话，还在朋友圈发些像《不以结婚为目的的恋爱就是耍流氓》这样的文章。

您知道我当时对他的恶心程度吗？先不说我还不是他女朋友呢，就算我是他女朋友，我在加班啊，我“忙成狗”了，你不体谅别添乱成吗？那些留言让我开始对他反感了，想冷静一下。

我再次降低联系频率，没想到他更加狂轰滥炸。这样一来，我就更不愿意搭理他了。最后，他就变得非常神经质了，天天发微信，天天打电话，我就“拉黑”他了。幸好没告诉他我上班和住的地方，要不我估计他要来堵我的门。

我：这是患得患失引发的恐慌表现，他太害怕失去你了。其实，他刚开始狂轰滥炸的时候，你安慰他一下就好了。

安妮：我又不是他妈！他一个二十几岁的男人，连点自控能力都没有吗？一点都不成熟，我安慰他，谁安慰我呢？我在家里也是爸妈宠着的，谁敢这么对我？而且，我在加班，都快累死了。

其实，如果他能稳重点，在我加班的时候别打扰我，还像以前出去玩的时候一样给我轻松的感觉，也许我忙完了，我们再约会，说不定我就当他女朋友了。

我：那如果他知道你在加班的时候，每天不骚扰你，还给你定好吃的外卖过去（送寿司、章鱼丸、冰淇凌、巧克力等）……他不打扰你也不骚扰你，只是做他能做的事情，也不向你要回报呢？

安妮：如果真有这么好的男人，我就嫁给他！如果他真这样，他第二次带着冰淇淋接我回家的时候，我就不放他走了。他为什么会变成一个烦人的男人？一开始挺好的啊！

我：第一，他搞错了恋爱阶段，把精力放错地方了。你们还在第一类约会，还没有达成身体轻度接触进入第二类约会，也就是说，你还没有结束筛选，只是很有好感，可他因为你的好感就已经丢弃了第一类约会要求的轻松愉快的感觉。因为自己的患得患失，便自私地开始以自己的感受为主向你施加压力，以求赶快达成恋爱目的。

第二，当女性开始给男性单独出去的机会时，本来是通过每次约会来加深女性对男性好感的最佳机会，应该加大约会的掌控：找个更好的约会时机（比如，女性加班需要关心），做更好的约会安排（比如，在女性加班的时候给她送吃的，下班接她回家保证安全等），通过约会给女性更多的好感，让女性确定选你是正确的。他做的正好相反，想利用你对他的好感优势，威逼施压让你答应他的要求。上学时候家长都没法一直让你老实听话，他一个追求者就更不能了，结果招人烦了。

跟安妮相比，学员丽丽是幸运的，她遇到了一个善于利用“不是约会的约会”的男生，并最终牵手成功。

丽丽：我男朋友就是您说的那样。

一开始的时候，我真看不上他，木讷得很，而且不爱说话。我喜欢小猫，他就告诉我他是动物保护志愿者，说现在流浪猫多，可人少照顾不过来，看到我这么爱猫希望我能帮忙。我就想这是帮助小动物的好事啊，就去了。然后，我就看到不爱说话的他照顾一只小猫的时候好细心，而且在一起的志愿者朋友对他的评价很高，我就开始对他有了关注。

我：是不是最后照顾小猫，相处久了，就喜欢上他了？

丽丽：也不算是。其实，有一段时间还挺烦他的，不是恋爱的烦，就是单纯地看不上吧。就是因为他照顾的一只流浪猫死了，他不仅郁闷了一周，还哭了好几次。那时候我挺看不上他，感觉他没男子气。后来，其他人告诉我，那是他当志愿者之后救的第一只猫，从一只小奶猫一直照顾到长大。由于之前受伤了，医生说小猫活不过三个月，他把这猫照顾到一岁多，所以他才这么难受。

我：你开始要了解他了，你很快就会喜欢他的。

丽丽：后来我就安慰他，他就给我讲他小时候的故事，我也说了我小时候的故事，然后我们两个就经常约着一起来救助站。我们约会都是在救助站，他就请我吃过一次凉皮。有一天，我们这儿下大雨，还打着响雷，我下班后发现他竟然来接我了，但是他没有到我们单位楼下，而是躲在对面的一个单元的屋檐下，看见我就叫我。我问他为什么来。他说，我上次告诉过他害怕打雷，而且打雷的时候很怕自己一个人。我说我是害怕打雷，可这是白天，我可以跟我同事一起回家，或者先等一等，等雨停了再说。如果是这样，怎么办？他说，要是看到我有伴，他就走了，不打扰我。等不到我，他也就走了。我又问他，怎么不在我单位楼下等我。他说怕对我影响不好，我们只是朋友，他不想让别人背后议论我。我说，如果今天我们错过，你见到我后，会告诉我你来接过我吗？他说，告诉你这个干吗，男人照顾女人是天经地义的啊！

我：你不怕他虽然这么说，但是是骗你的吗？

丽丽：对，我也害怕。虽然这件事让我感动，但是我还是很犹豫。我怕他太木讷，以后生活受影响；我怕他只是装给我看的，其实他没这么好；我还怕如果选择他，会错过更好的。所以，我一直犹豫。可他还跟以前一样，没有催我，没有逼我，照顾我的情绪，并且还是轻松愉快地跟我相处。然后，有一天我忍不住了，我问他喜不喜欢我，他说喜欢。我问他怎么不追求我。他说，他只想都做好了，让我看到再追。然后，他给我看了他做的生活计划，包括怎么提升他的收入，怎么买房，怎么装修，怎么带我旅游，怎么照顾我们的父母，怎么样安排我们的生活，包括孩子的都有提及。虽然写的有些幼稚，但是真的很暖心，那是一种让人感到踏实的安全感。

我：感觉这男孩挺靠谱的。

丽丽：是啊，他不仅仅在做计划，而且他已经开始准备国际训犬师考试。我问他，如果在他做好这些之前我被其他人追呢？他说，那就公平竞争。如果我喜欢其他人，他就继续按照计划提升自己，默默关注。如果我的感情不顺利，他就回来保护我，带我走；如果我感情顺利，结婚了，他就去找属于他的爱情。

我：做好了要与你过一辈子的打算，也做好了你随时要走的准备。这大概是最好的爱情观，深爱而不纠缠。

丽丽：我们在那次聊天后三天，牵手了。我们之间的恋爱很平静，平静地开始，平静地牵手，平静地见了父母，平静地订婚。一切都是顺其自然的，他没有一点纠缠。

我：喜欢你，并不是因为你的长相，而是你在特殊的时间里给了别人给不了的感觉。平静、没有压力，我们的一生要面临很多压力，就不要把爱情也变成压力了吧？

丽丽：明天我陪他去考宠物医生的证书，然后该轮到他陪我考了。

这才是正常人的恋爱观。

不要把精力浪费到研究你们约会后的关系上，而要把精力放到对每次约会的安排上，去哪里约会，怎么玩得开心，什么时候是你出现的时机，出现时你要做什么。除了带着脑子聊天，必然也要带着脑子约会。只幻想着通过约会让她爱上你，却不想怎么约会，去哪里约会，怎么让她轻松愉快？女孩跟你每次见面都是难受的，她怎么会选择你？一定要让女孩在和你约会时保持轻松、愉快、好玩的感受。

魔鬼约会需要遵循哪些原则

进行魔鬼约会时，男性还需要遵循以下原则，比如约会前要做好周密的准备，第一次约会时要遵循地点转换原理，第一次约会时不要让约会看上去太正式等。

约会前要做好周密的准备

约会前一定要做好周密的准备。这条准则在所有约会中都通用。

我从一开始就不断地强调男性聊天、约会的时候要动脑子，不知大家有没有记住这一点。我在日常教学中遇见过这样一件事，给我留下的印象非常深刻。

一位学员要和一个女孩约会，因为他很少去商场，所以他一边询问，一边带女孩去找喝饮料的地方。由于对地形不熟，两个人像无头苍蝇一样到处乱撞，转来转去总是找不到准确的位置。最后，女孩嫌麻烦，可能也觉得没面子，就离开了。他回家后再找女孩聊天，女孩的态度也一下变冷淡了。他十分后悔，来找我寻求解决方法。

我当时很无语。他说的这家商场离他上班的地方不过一条街，里面有几家饭店、几家咖啡厅，他竟然完全不知道。

此外，我还遇到过一件类似的事情。有一次，我去一家美式西餐厅吃饭，看到一个男孩带着女孩来约会。当服务员把菜谱递给男孩的时候，男孩的手便开始抖，我估计他应该是第一次来这种地方，紧张了。服务员看到男孩紧张，估计是判断男孩收入不高，明显态度上有点轻视和催促。这样一来，男孩就更加紧张了，他虽然努力地控制，但是那种焦虑和不自在的感觉已经暴露。我看不到女孩的脸色，但感觉女孩在不舒服地晃动，显然不耐烦了。再这样下去，女孩肯定要离开的，太丢脸了，于是我决定帮他一下。我大声叫服务员，等待客人点菜的服务员回头看了我一眼，我快速招手，请她赶快过来。服务员跟男孩说了一句“不好意思”，转到我这里。服务员走后，男孩明显松了口气。

这次约会后，女孩肯定会对男孩说：“咱们不合适。”女孩为什么会这么说？大家可以想一下，婚姻里会有很多事需要男人处理，谁愿意找一个男朋友吃个饭都紧张成这样？

也正是这两件事，让我突然明白现在的男孩有多“宅”，所以有必要给大家提醒一下。

这个提醒需要借用一下影视剧台词中经常提到的一句暗

语——踩点。你要选择约会的场地，无论是你家附近的万达广场，还是单位附近的商场等，都要提前去熟悉下。到了场地之后，要转一转，知道一楼有什么吃的、玩的，二楼有什么，三楼又有什么，咖啡厅在哪儿，饮品店在哪儿，娱乐的地方又在哪儿。此外，你还应提前去这些地方品尝一下相关的菜品或饮品，最起码知道哪家饭好吃，哪家饮料好喝。这样，在约会时，你就不需要再费脑筋想自己要去哪里了。

第一次约会要遵循地点转换原理

和女孩约会，一个小时去三个地方玩比三个小时在一个地方强很多。这是为什么呢？

不知你是否有过这样的经历：跟女孩在一个地方待了两三个小时了，然后大脑困倦，眼睛开始发直，打哈欠的感觉越来越浓，但是你知道这是约会，努力强忍着，生怕自己失礼。其实，女孩跟你一样，双方都困了，聊天也提不起兴趣了，但是你不舍得走，强撑着……最后，女孩给你的回复是，跟你约会很无趣，你们不合适。

女性是感性动物，她们对时间、方向等的概念不强，但是感官特别发达。约会中，她会记着今天到了几个地方，每到一个地方约会是什么样的情绪，舒服的、好玩的，还是别扭的、难受的。如果每个地方你都能和她聊得很开心，玩得很开心，给她创造好的氛围，那么她会对时间有个错觉，认为你们去了那么多地方，认识的时间也很长了。其实，你们是第一次见面，累计不过两三个小时的交往时间。转换约会地点还有一个好处，就是如果在第一个约会地方两个人尴尬了，下一个地方又是一次机会。

既然明白了约会场地转换的重要性，那么场地转换过程中要遵循什么规律吗？是的。需要遵循的规律如下。

一是从人多到人少，从热闹到安静。

两个人刚见面会比较生疏，在人多的地方，她会有安全感，她会在安全的范围内、在平静的心态下与你见面。约会了一段时间后，彼此熟悉了，感觉还行，然后你再换一个地方，换一个人流量比较少的地方。人虽然少了一点，但她的安全感还在，她也熟悉你了，就放松了些，玩着也放得开。接下来，再带她到相对安静的地方，聊聊人生，谈谈经历。

二是约会场地至少要准备两个，有三个最好。

比如，可以从吃饭的餐厅转到游戏的地方，再到静吧、安静的咖啡厅等。转换不同的地方，不但可以消除在一个地方待得太久的无趣，还可以让女孩经历更多的约会场景，丰富女孩对你的恋爱记忆，增加舒适感（别人约会了三次，有三个回忆；你约会一次，就有三个回忆）。所以，一次好的约会最少需要转换场地两次。转换约会场地需要男性带领，你要主动提出来，不要指望女孩开口。两个地方不要太远，如果转换场要花大量的时间，会让女孩没有安全感（哪个女孩会跟刚认识的男人到处乱跑）。

第一次约会时，不要让约会看上去太正式

和女孩第一次约会应该注意，不要让约会看上去太正式。烛光晚餐、表白盛会、包场包桌，都不是好的选择，因为这都会让女孩以正式的眼光筛选你。超级正式的约会，那是在订婚或者结婚纪念日才需要的。比如，恋爱一百天，订婚、结婚一周年等才需要做得非常正式。除了节假日和纪念日之外，不要搞得太正式，不然会吓到女孩。

尤其第一次约会，怎么让人感觉轻松怎么来，让女孩感觉到跟你交往开心快乐，如果已经在约会前给她留下过好印象那就更好了。第一次约会简洁大方，有特色就好，千万不要把第一次约会等同于吃饭、看电影，主要重点在于这次约会给女孩所留下的感受。

比如，讲聊天话题的章节请女孩帮他做花艺的男孩子，他跟女孩的第一次约会是在花艺吧里，两个人一起做花艺。又如，有的学员第一次约会女孩去摘草莓；有的是去参加音乐节活动；有的是去看艺术展出等，他们从下午玩到晚上，然后顺带找个地方吃饭而已，记得是玩开心了顺带吃饭。

不要忘记，我们要约的是“不是约会的约会”，让女孩感受轻松很重要。

第一次约会形式不用太正式，以玩为主，但是穿的绝对不能随便。因为女孩见到你，会从你的发型、穿着等来确定是否对你有好感的，所以你要牢记第一印象的重要性，要慎重考虑约会的场地，选择合适的衣服。比如，在商城、商业区约会，就以正装或者休闲正装为主；如果在游乐园，就是休闲夹克类的服装；如果是采摘活动，就是运动类的服装，穿身西服去农庄显然不合适。

还有，第一次约会千万不要存有幻想。这仅仅是你们第一次见面，女孩对你还不认可。很多人想到第一次约会就开始幻想，幻想牵手、接吻，幻想以后怎么生活，想着自己一定要认真地好好表现。还没开始约会，整个人已经紧张得不行，胆都快被吓破了。

如果你实在想知道，这次约会中女孩对你有没有好感，你需要做的是测试，用测试来判断你和女孩的关系到达哪一个阶段了，测试女孩能不能接受你们的关系。恋爱中的关系远近都是测试出来的。不要去猜，女人心是很难猜的。猜不着的时候，你就会慌了。（不过，不用担心，本章有专门一节来介绍如何测试约会的成果。）

吃饭时，请女孩坐在背对着门和多窗户的位置

如果和女孩吃饭，你可以让女孩坐在背对着门或多窗户的位置，自己则坐在面向着门或多窗户的位置。

为什么要这样安排座位呢？

因为这样的话，女孩的视野范围就会变小，而能够进入她视野的东西越少，她的注意力就越集中。如果只有你在她对面，她自然会把注意力都集中在你身上。反之，女孩面对多窗户或门的方向，外面一会儿开过去一辆车，一会儿走过一位帅气的小伙子，她的注意力就会不停地被分散。而且，在你们不熟悉的时候，外面的花花世界对她的吸引力多半比你大。

没有确定恋爱关系，不要轻易请女孩看电影

电影院确实是一个理想的约会之地，但是它只适合那些已经确定了恋爱关系，甚至是已经发生了两性关系的情侣去。因为确定了恋爱关系，生活将更加趋向平静，可玩的地方少，在家里又没意思，去看电影是个不错的选择。

如果第一次约会或第二次约会就去电影院，则是一个比较傻的选择。一部电影是结合了导演、副导演、演员等很多人智慧结晶的作品，你的吸引力能够比得过一部电影吗？很少有可能吧？如果这部电影又是女孩非常喜欢的男明星主演的，你的吸引力能比过这个男明星吗？女孩的注意力都不在你身上，那你不就是在浪费约会的良机？等你们约会完了，别人问女孩今天约会怎么样？女生想了半天："约会？我就记得电影挺好看的。"至于你？印象很模糊。所以，电影院在确定关系之前，最好别去。

如何检验魔鬼约会的成果

魔鬼约会效果如何，不要靠猜，而要靠测试。此时，男性可以先做一下杯子测试。这个测试通过之后，就可以和女孩有超轻度的接触了……

你想和一个女孩约会，首先要基于“你和女孩是普通朋友”的这个身份来进行的，不要把这个女孩特殊化（很少有女孩是一次约会就成为你女朋友的，第一次约会至多留下一些印象，所以不要想着追求她）。带着“你们两个是朋友，是平等的”这个姿态去约会，这样能够让你心中带来平静，然后你才能在第一次约会中谈笑自如。

无论是约会中，还是约会后，都不要去猜测你们的恋爱到哪个阶段了，而要去测试。为什么第一次约会的“死亡率”很高？就是因为很多男孩和女孩约会之后，在猜他们之间的关系进行到哪个阶段了。

“她到底接不接受我啊？”

“她到底喜不喜欢我啊？”

“我们到底到哪个阶段了啊？”

“哎呀，我什么时候能当她男朋友啊？”

“她为什么不答应啊？”

“她为什么不给我反馈啊？”

……

越想越焦虑，越想越恐慌，为了结束这种恐慌，他就开始逼迫女孩要答案，结果把女孩给逼烦了。而可能女孩在第一次约会之后，感觉你很不错。她在等着你对她进行第二次邀约，她想深入地观察下你这个人之后，再做决定。可是，幼稚的男孩开始逼迫女孩了：“你为什么不给我答案？”“为什么不说喜欢我？”“为什么不确定我们的关系？”“我们已经约会过一次了，给我答复吧。”……女孩的好感、约会的好局面就这样被一下子毁掉了。

可不确定恋爱处在哪个阶段，男性确实会焦虑。不要紧，可以做一下测试啊！生产一辆汽车，你也不知道它能跑多远，百公里耗油多少，都是测试出来的。恋爱也一样。通过测试去判断你们的恋爱到了哪个阶段，而不是去猜测。幼儿园中班的小朋友玩东西是靠猜的，成熟男性都是用逻辑思维去思考问题的。

如果通过了测试，通过了女孩给你设置的一系列障碍，那你就知道这个女孩对你的感觉如何了，就不需要去猜测你们的关系了。不仅不用猜测你们的关系，你还找到了自己的问题所在，那么发现问题，解决问题，不就能正常地跟女孩接触了？

比如，你找一个女孩聊天，女孩不搭理你或者对你不冷不热，你不就测试出这个女孩没看上你？既然知道女孩看不上现在的你，就要找到自己现在的问题，然后解决它们。

比如，你约女孩，约了很多次，女孩就是不出来，你不就可以测试出这个女孩不想跟你约会？既然女孩不想跟你约会，你就要分析一下原因，找到问题，然后解决它。

不跟你聊天，不跟你约会，其实都是出于同一个原因，那就是你不符合她的择偶标准。如何才能让自己符合自己喜欢的女孩的择偶标准，获得她的芳心呢？你要具备和她聊天、约会的资格（前文已提到过）。

那么，解决了聊天、约会的资格问题，已经进入第一类约会的你，该如何测试出女孩对你的感觉呢？可以先做一下杯子测试。

具体做法是：你喝完水之后，把水杯故意向对方的水杯靠近。当然，你要表现出这是无意识的动作。如果你的杯子靠近女孩的水杯，而女孩没有在乎你杯子的状态，也没有把她的杯子拿开，这说明女孩心里是不讨厌你的，是对你有好感的。如果你的杯子向女孩的杯子靠近后，女孩故意把自己的杯子拿开，那说明女孩对你的好感还不是很大。如果女孩看到你的杯子靠近，把自己的杯子拿到别处或捧在手里，就说明她有点排斥你了。杯子的距离越近，说明女孩对你的好感就越大。这里提醒一下大家，是让你的杯子靠近她的杯子，而不是让你把杯子贴上她的杯子，贴上是很不卫生的。这里测出的是好感，不是说通过测试就是有爱情了。

杯子测试通过之后，你就可以和女孩有超轻度的接触了。这时，你可以选择擦嘴角测试。

擦嘴角测试很简单：你在和女孩吃饭喝东西的时候，就算这个女孩嘴上没粘东西，你也可以假装她的嘴角有东西，然后说“你这么大人了，怎么还和小孩儿一样，喝个咖啡喝得满嘴都是泡沫”，一边说这句话，一边以迅雷不及掩耳之速度，帮她把嘴角给擦了。这时，大部分女孩会瞬间脸红、娇羞，有些会惊一下，然后看你的眼光都会不一样。

给女孩擦嘴角，会让女孩瞬间进入一种亲密的状态。从小到大只有她的父母敢跟她做这种亲昵的动作，长大后能做这么亲昵小动作的，只有她男朋友或是她老公。今天你“无意识”地对她做了这个亲昵的动作（女孩会认为你是无意识的，其实你是故意的），女孩的心理会给她暗示，这个男孩也会有机会跟她变得很亲密，比如成为她的男朋友或老公。

当杯子测试和擦嘴角测试都通过之后，女孩没有拿开杯子，没有躲开你擦嘴角的手，那么恭喜你，可以去约第二类约会了。

如果没有通过呢？比如进行杯子测试的时候，女孩把杯子拿开了，那本次约会男性就要保持头脑清醒，女孩对你好感不大，不要再做无谓的努力，别让女孩更加烦你。你应该保持本次约会中平静正常，没有负面情绪，然后进行第一类约会的第二次约会。要一直保持给女孩轻松的感觉，千万不要因为女孩没有给你答复而去逼问。焦虑、恐慌都是你自己的事情，跟别人无关，不要把你的着急压到女孩身上，她又不欠你老婆。如果女孩在第一次约会后，有明显躲避你的行为，那么说明女孩暂时认为你不合适，这时你千万不要认为只要努力找她，就能让她回心转意。

杯子测试通不过，就不要再做擦嘴角测试了，那会被当成色狼的。通过杯子测试的男性，在擦嘴角测试时，女孩有躲开的动作，一定要道歉，“我没别的意思，就是帮你擦一下”，对你这个动作给予一个合理的解释。如果是杯子测试通过，而没有通过擦嘴角测试，那么你也必须进行第一类约会的第二次约会，继续保持跟女孩轻松愉快的交往，保持双方的友好关系，再寻找机会去测试你在女孩心里的位置。

第一类约会的结束，以轻度肢体触碰为结束（强行拉女孩的手，在女孩不愿意的情况下触摸女孩的身体，那属于耍流氓）。如果你一次约会就实现了轻度肢体触碰，那么恭喜你，女孩对你好感很大，愿意发展。如果第一次有收获，但是没有达到测试目标，那么你要进行第一类约会的第二次约会、第三次约会，再去测试。

如果你已经按照我们说的方法，约会了三次到五次了，可女孩还是跟你保持距离，不愿意接近，那就说明女孩的心里有情况，你可以来找我，我们面对面聊一下。

“女人心，海底针，”这是很多男性对恋爱中的女孩的评价。其实，看女孩的做事标准，她一点都没有违背世俗的规律，而那些不了解世俗规律的男性，总是用幻想来跟世俗对抗。

比如，有个男孩说，女孩昨天聊天答应当我女朋友了，可她今天又反悔，怎么才能让她说到做到啊？答案是，你足够强大。如果是女孩在网上被你逼急了，随口一说，你却希望人家遵守承诺，这也是不现实的。把这话当真只能说明你幼稚。还要女孩遵守承诺，给她施加压力，这样的你真是既幼稚又自私，做事不动脑子。

别把别人说的话太当真，而你自己说的话要百分之百说到做到（所以，不要乱承诺、乱发誓），这才是女孩喜欢的成熟男人。

悄悄地告诉你一件事：女孩特别希望男孩能帮她消除身边所有的麻烦，然后让她跟你谈一场纯纯的恋爱。而目前很多男性想的是，我要跟女孩谈一场纯纯的恋爱，女孩有事？女孩家有事？太麻烦了，那是她的事，别影响我纯纯的爱情就好，因为我爱她。

第05章

天使约会，主导你和她的亲密关系

第二类约会又被称为天使约会，是指女性对男性审视通过后，男性开始全面带领女性并推进恋爱关系到婚姻关系的过程。此时，男性需要做的是去推进关系。⚜

成功的天使约会重在安排

成功的天使约会重在安排。这时，男性的约会重点在于，怎么给女性营造出良好的约会氛围，怎么让她看到你更加优秀的地方，让女性坚信她的选择是对的。

第二类约会又被称为天使约会，是指女性对男性审视通过后，男性开始全面带领女性并推进恋爱关系到婚姻关系的过程。它是在女性接受男性第一类约会的轻度触碰的基础上开展的，因为已经有了第一类约会的好感铺垫，所以我们要做的不再是小心翼翼，而是要去推进关系。

怎么推进关系呢?

相信很多男性是这样做的：

第一次的约会是吃饭、喝咖啡、看电影；

第二次的约会是喝咖啡、吃饭、看电影；

第三次依然是看电影、喝咖啡、吃饭；

第四次依然这样。

……

如果不是女孩再也不愿意跟他一起出来了，那么他的吃饭、喝咖啡、看电影会一直继续下去……

不要说女孩感觉很无趣，你是不是也感到很无趣？我曾经遇到了这样一件事：一位男性给我留言求助，请我教教他怎么选择电影，以便他约会时有电影看。当你一直重复着这种无聊的约会方式，女孩就会感觉和你约会超级无趣，整天就这点事。你只要一邀约，女孩就知道，又是看电影。

你是否想过吃饭、看电影是这个女孩的基本生活？有你，她去吃饭、喝咖啡、看电影；没你，她跟闺密也是去吃饭、喝咖啡、看电影。有时候，女孩本来想去逛街，你却要约她看电影。女孩找男朋友，本来希望能让自己的生活更加丰富多彩，可遇到你让她更加无聊。也许你约女生看电影的时候她想去爬山，你约她吃饭的时候她想看看画展，因为你的约会，打乱了她的安排。那么，你这样约她反而会让她厌烦。在你看来，吃饭、喝咖啡、看电影就是所谓的第二类约会。其实，你并没有把你们的第二类约会进行下去，而只是在一直不断地重复着原来的约会。

现在文化繁盛，画展、音乐会、音乐节、文化节、话剧等的足迹遍及全国。不管是身处边陲的县城，还是一线城市，都有演出者的身影。去年，我就曾在老家（那是个三线城市）看到过开心麻花团队的演出。滑雪场、温泉、影视城等休闲场地也是遍地开花。可你在约会时竟然只会跟商场和电影院较劲儿。

生活在21世纪，却想跟女孩谈一场20世纪60年代式的恋爱，根本行不通啊！只有说你是太想省事了，太懒了，懒得连大脑都不想动了。当一个男人只会约女孩死板地看电影、吃饭时，女孩就知道了，这个男人要么是“宅”，要么是懒，反正是不太在乎这段感情。你总是在各种场合表达对女孩的深情，说着“我爱你”，可是你连一个让女孩舒服的约会都做不好，这种爱，谁会相信呢？

还记得我在上一章提到的“为什么第一次约会的‘死亡率’很高”吗？（不太记得的朋友可以翻到“如何检验魔鬼约会的成果”一节。）我们可以看到，女孩在第一类约会之后，感觉你挺好的，她等着你对她进行第二类约会的邀约，她想深入地观察下你这个人，再做决定。理解了吗？

女孩要的是，进行第二类约会，希望你带领她去恋爱，并且推进关系，看看你的第二类约会是否跟第一类约会一样稳重、大气，给她的感觉是否跟第一类约会一样。

你的约会重点在于怎么安排好第二类约会，怎么给她营造好的约会氛围，怎么让她看到你更加优秀的地方，让女孩坚信她的选择是对的。

而很多男性在第一类约会回来后，开始浪费大量时间研究已经过去的第一类约会，去分析这几次约会里女孩的每句话、每个动作，甚至连女孩约会去了厕所，去了多久，是不是跟闺密联系也要分析再分析，研究再研究。

突然间，跟女孩的第二类约会来了，时间不够，脑子完全没有准备，就慌慌张张地带着女孩出去约会了。没有思路，没有准备，去哪里约会呢？去看电影吧，这个地方熟悉。于是，第三次、第四次约会都是电影、吃饭。你的精力都没放到如何开心约会上，仓促应付约会，女孩对这么仓促的约会非常不满意，然后说“咱们不合适”，离你而去！

学员小刘就遇到了这样的尴尬。本来，他和女孩一次约会就通过了擦嘴角测试，第一类约会通过，非常开心，可是约会回来后，女孩突然降低了联系频率。小刘“宅男病”爆发，打电话给我，抱怨女孩出尔反尔，抱怨女孩物质虚荣，抨击社会，抨击爱情，然后开始拉着我研究第一次恋爱时的错误点，非要找出第一次恋爱的问题，还情绪激动地要去找女孩说清楚，问女孩凭什么不喜欢他。

然后，我告诉他，如果想去问女孩，就做好这辈子与她不再见面的准备。女孩喜欢谁，是她的自由，你自己在家撒泼打滚没人管，你要去女孩那里玩这套，等着她拉黑你吧。真的忍不住，可以问问她鞋子有打折的吗，你想给你爸爸买双好鞋，送给他老人家做生日礼物（女孩是某鞋店的店长），保持住友好的联系就可以。他跟女孩联系，女孩也正常回复他。

第四天，女孩给他发微信，说她想通了。原来，女孩在第一次约会后对小刘的好感超过了其他追求者，但一直犹豫要不要和他在一起。女孩的姐姐说，其实不必要在这里胡思乱想，再跟男孩约会几次。如果男孩给她的感觉一直很好，就选他；如果这个男孩在以后的接触里表现得不成熟，也可以分手。女孩决定听取姐姐的建议。

没想到几天过去了，小刘没有任何过激的表现，只是问她店里有没有合适的鞋子，想给爸爸买一双。女孩把小刘的表现告诉了姐姐。姐姐说，小刘还是很稳重、成熟的。之前的其他男孩约会结束后，都像狼一样逼问她要结果，而小刘除了找她问了个鞋子打折的问题外，也没有过分地骚扰她，可以继续接触一下看看。

听女孩说想和他进一步接触，小刘非常开心，开始又进入幻想模式，甚至给我留言，让我教他结婚后长期相处的技巧。我直接给他浇了一盆冷水：下次约会准备去哪里，怎么约，怎么给女孩更好的感觉，你都想过吗？小刘一下子就卡壳了。

接着，我给了他一点提示。我问他，四川山很多（小刘是四川人），是不是有很多山间公路是临着小溪、小河的。他回答说是这样。

我告诉他，他可以找辆车，然后借个投影仪，拷贝几部爱情电影，电影要让人感动到哭的那种，再带上西瓜、啤酒、烧烤架，让女孩带上闺密，自己带几个会说话、有眼色的朋友，大家一起找个车少、人少，临着公路的山间小溪或者小河，下午一起串好烤串，晚上一边烧烤，一边看电影，吃完了，还能坐在小溪旁看电影。星光下，你和她看着爱情电影，听着蛙叫，还有啤酒烧烤，什么感觉啊？你的朋友再帮你说点好话，再帮你安抚下她的闺密。女孩对你的印象只会更好。

小刘恍然大悟，自己还需要准备约会的地方和设计约会的步骤和流程。以前自己只注意结果，没安排好过程，所以女孩会认为跟自己约会很难受，就躲开了。

他终于明白了，你明白了吗？很多像小刘一样的男性，被女孩说不懂浪漫，就是这个原因。

感动她的浪漫不是等出来的，而是创造出来的

浪漫这件事，不是等出来的，而是创造出来的。约会也是一样，不是等出来的，而是安排出来的。出色的设计会帮助男性赢得女性的芳心。

阿力是一家外贸企业的员工，收入不错，年纪轻轻，已经在上海买了车，正在准备买房。可是，就是这位大家眼中的上进男人，在感情方面却很不顺利。无论是相亲也好，自由恋爱也罢，都是“无疾而终”。

“屡战屡败”的感情经历，让阿力非常郁闷。于是，他找到我求助。他来找我的时候，我了解了他的具体情况，判断出他属于高不成低不就的类型。这可以理解，毕竟阿力年龄不大，就即将成为有房有车一族。介绍给他的女孩也都是在上海工作的白领女孩，收入不比他低，生活也不比他差，也属于就高不就低的类型。

然后，我了解了下阿力的恋爱过程，发现由于他跟这些女孩

在思维模式属于同一层次，追求的也是类似的生活品质，所以女孩都愿意出来跟他见面约会。第一次约会时大家不熟悉，阿力毕竟是做外贸行业的，收入比较高而且稳定，会给女孩留下了不错的印象。但是，当跟阿力约会几次之后，大部分女孩都表示，跟他约会没有惊喜，而且千篇一律，甚至感觉阿力很抠门。

阿力也很委屈，他认为一顿饭 200 多元的花费应该不算少，而且每次约会都是这样的标准，甚至都在一家餐厅，怎么还说他抠门呢？

我问他最近还有没有第二次约会的女孩。他说有。我给他支着儿：换个普通的餐厅，然后买一枝花（不要红玫瑰），带一盒手工巧克力（不需要太贵，普通巧克力的价格就可以），盒子要心形的，然后把花粘上做个被丘比特的神箭射中的样子，稍微包装一下送给女孩。一定要跟女孩强调这盒巧克力是手工的，是你盯着商家做好的。

阿力照我说的做了，回来后开心得不得了。本来，他还担心女孩嫌弃餐厅一般呢，结果，女孩对阿力送的巧克力非常重视，至于餐厅怎么样则没怎么在意，而且女孩晚上对他的态度很温柔。

我给他分析：原因很简单，女孩愿意跟你进行第二次约会，说明对你感觉不错，所以她在等你的下一步行动。你今天送了花，巧克力还是手工做的，还有丘比特之箭的暗示摆法，虽然花不是红玫瑰，但是女孩知道你是在乎这次约会的，最少你是有意思的。花钱多少不重要，形式意义很重要，这叫形式大于内容。

阿力问我，如果女孩接了礼物后没有太多表现呢？人家没看出来，或者没这个意思呢？只是普普通通的反应。

我说他笨，你没送红玫瑰，而且只是一枝花，你可以说买巧克力的时候，人家店里的包装就是这样摆放的，不是你刻意摆成这样的，请女孩不要介意。而且，约会时你送女孩一盒巧克力，好像很正常吧？

阿力又问我下一步怎么办，是否要去表白。

我说，如果这么做了，就该去准备纸巾吧，留着分手时候擦眼泪用。表什么白啊，准备下次约会啊！你能不能约女孩去上海附近的水乡古镇玩，晚上找个视野好的地方，给女孩讲个故事。至于故事的内容，你可以这样对女孩说：“你知道吗？在跟你见面的前一周时间，我感冒特别不舒服，睡得迷迷糊糊的，然后我醒了，天都黑了，我看着外面黑暗的天空特别孤独寂寞，我就想我要告别单身，我还要让那个跟我一样孤独寂寞在等我出现的女孩也告别这种生活，我要给她我全部的爱情。那会儿，我特期望能有颗划过天际的流星让我许愿。然后，我迷迷糊糊地想着，没想到天上就真有流星划过。一开始，我还当自己是做梦呢！接着，流星又来了，还不是一颗，而是一颗接着一颗。然后，我就迷迷糊糊地看着一颗颗灿烂的流星，渐渐地睡着了。但是，那天晚上以后，我发现，我有了一个超级厉害的功能，那就是我可以梦想成真。”

女孩肯定说你骗人。

你可以说，那你就当着流星，来一次梦想成真。

大家肯定会问：这怎么可能？我们是人，不是神，怎么会有流星？

请大家想象这样一个画面：当你跟女孩说完这些，然后手向着天空指，漫天烟花灿烂的时候，女孩是什么表情？然后，你又对着灿烂的烟花许愿，让你爱的她跟你一起告别孤单寂寞，女孩是什么感觉？

如果有条河最好，你们在船上，或者在河边，或者在对岸放烟花。你说放，烟花就有；你说停，烟花就停。女孩又是什么感觉呢？

还能这样谈恋爱啊！阿力的眼珠都快掉下来了。

我对他说，你接触的都是白领、骨干、精英女性，她们平常的生活和工作就是跟高收入、高品质的人群打交道。你认为多高端的餐厅她们没去过？多高档的男人她们没见过？多奢华的婚礼她们没参与过？拿钱消费跟她们约会，基本没什么意义。她们更喜欢《太阳的后裔》那种浪漫，更喜欢《黄手帕》那种为了爱情可以把手帕绑满一条街的感动。

我以前曾经帮在硅谷工作的某个学员追求一位女钢琴家。我们在一线城市的商业大楼楼顶放烟花，外带放飞 999 个特制夜光气球，直接让女孩转身抱着男孩了。

电影《从你的全世界路过》里面不是有个投影射灯的镜头吗？

把两个人照片投影到天空，这也是一种浪漫！越是拥有高品质生活的女孩，越不在乎物质，因为她自己也能挣钱，也可以买房买车。她更在乎的是，男人能为她带来的浪漫，还有就是情感上的感觉。阿力就要成为这样的男人。如果女孩已经有了车和房，不管是父母给的，还是她自己挣的，她还会认为房和车是爱情的必要条件吗？肯定不会。

阿力跟女孩再次约会了。他采纳了我的建议，然后稍微做了一下调整：他带着女孩坐了乌篷船，然后两个人一起在船上放烟花。故事他也讲了。女孩对这次约会很满意，已经跟他牵手。他将下一个约会的地点选在他们公司的外贸出海货轮上。他说，女孩肯定没坐过货轮看大海。

阿力很聪明，我只给他支了一次着儿，他就举一反三地设计出很多的约会模式来。我知道有很多人会说，这场面太大，自己做不来，那你能不能带着你要约会的对象去看看演出、展览，去玩玩游乐场，去转转书吧，去爬爬山呢？现在各地的牡丹节、月季节，各处的文化演出很多，这不都比你带着女孩看电影强？

浪漫这件事情，不是等出来的，而是你创造出来的。约会也是一样，不是等出来的，而是你安排出来的。你想你的约会在哪里进行呢？还是吃饭、看电影吗？你应该有很好的设计了吧？

感动她的约会要留下独家陪伴的回忆

作为约会的男主角，你更加要重视的是这次约会的地点、约会的形式，在约会里制造浪漫，制造属于你们两个人的回忆。

做个实验。你去问你的妈妈，当年她和你爸爸恋爱的时候，有什么值得回忆的东西或场景。禁不住你的好奇，你的妈妈应该会透露一些他们当年约会的事情，也会提及一些难忘的片段，比如送给她一朵那个时代还很稀有的玫瑰花什么的。电视剧《人民的名义》里面的欧阳菁不就是一直在回忆达康书记的海蛎子吗？一个女孩记了一辈子的海蛎子，也为了海蛎子嫁给了他。

无论是爸爸的玫瑰花，还是达康书记的海蛎子，这些都是约会中的独特回忆，这是约会参与者独有的回忆。那么，请问要跟女孩谈恋爱的男人，你给女孩制造了什么独有的回忆？是频繁地看电影、吃饭，又或者撒泼，还是你要去逼问她到底怎么想的？

当一个女孩对你说“我看你挺顺眼的，我感觉你挺合适的”

的时候，她对你已经产生了比较强烈的好感。这时，很多男性的想法就是：我要拿出我的手机，和她聊微信、聊QQ，趁现在女孩对自己有好感，通过聊微信或QQ让女孩成为自己的女朋友，要和这个女孩在微信或QQ上聊出爱情。

如果我们把时间往前推上20年，那个时候没有网络，更别说QQ和微信了。在没有网络、没有QQ、没有微信的年代，你的父母、你的叔叔阿姨们，他们依然在谈恋爱，依然走向了婚姻。这说明爱情并不一定是QQ和微信能聊出来的，所以不要把全部精力放在微信上。那么，为什么很多男性都认为拿手机微信能聊出来一个爱情呢？

前段时间有一批学员来我们这里学习，当时我正拿着手机和女朋友聊天，聊得很开心。然后，有学员看到后就说："老师，我就想像你们一样，聊天聊到恋爱的感觉。就是我喜欢她，她也喜欢我这种感觉，这样多好啊！"

我当时吓了一跳。我说："你弄错了一件事情。我们两个不是因为微信聊天而成为恋人的，而是我们本来就是恋人，通过手机聊天就自然聊出恋人的感觉。

"可是你和女孩什么关系都不是，女孩只说看你顺眼、合适。那么，你现在应该做的是经常性地出现在这个女孩面前，加深这个女孩对你的印象，通过约会加大这个女孩对你的好感。通过设计约会，制造独家陪伴的回忆，让这个女孩逐步认识你，了解你，然后喜欢上你。

“这样一来，你们交往后，拿着手机聊天不就有恋人的感觉了吗？是你们处在了恋爱的阶段，所以拿着微信这个软件聊出了一种恋爱的感觉。这才是正常的思维。”

我说的这些话是什么意思呢？下面，让我们一起把正确的恋爱观念给捋一捋。当一个女孩说看你很顺眼的时候，你应该做的是通过微信这个软件，来邀约这个女孩。第一类约会，第二类约会，约这个女孩出来跟你约会见面，通过设计约会来实现浪漫，通过见面陪伴，通过交流互动达成深度的了解。然后，这个女孩通过和你的深度互相了解，感觉你这个男孩挺不错的。让她感觉当你女朋友挺好的，然后你们再去谈一场恋爱。而这中间一定不能缺少的环节叫陪伴。

20 世纪七八十年代的某地区的影视剧里面通常会出现这样一个情节：

一个女孩的爸爸被人杀害了，凶手是一个男孩，然后这个女孩发誓要杀了这个男孩报仇。女孩为了报仇深入男孩的生活，跟男孩一起冒险，一起打退敌人的进攻。结果有一天，女孩有机会杀掉男孩的时候，女孩犹豫了。她发现，她居然爱上了这个男孩，而这个男孩是她的杀父仇人。故事的结尾是有一个人出来告诉女孩，她父亲当年不是这个男孩杀的，是别人诬陷的；又或者是她父亲当年要掉下悬崖的时候，这个男孩想救人但没有救成，大家都以为是这个男孩杀的。误会解除了，她就嫁给了这个男孩。

这个陪伴的过程就是独家的回忆，而他们冒险的经历就是男生跟女孩要进行的约会。约会的形式是很多样的，作为约会的男主角，你更加要重视的是这次约会的地点，约会的形式，在约会里制造浪漫，制造属于你们两个人的回忆。

下面是我帮学员操作过的一次小约会。

女孩跟男孩已经约会过几次，女孩马上要过生日了，男孩找我想问怎么给她过。我帮他支了个着儿。他按计划行事，获得了极好的效果。

女孩生日前三天，男孩跟女孩说，自己要出差几天，估计要很忙。女孩嘱咐男孩注意安全之类的（不然，女孩该怎么说？难道说，我后天生日，你别走？两个人也没确定恋爱关系，只是约会感觉好而已）。然后，男孩按原定计划出差。

三天后，女孩生日，她其实很郁闷，本来以为今年有人帮她过生日，但是男孩又出差了。她闷闷不乐地到公司上班，发现公司的女孩们都一边羡慕，一边祝福她生日快乐。原来，男孩为她预订了生日鲜花服务。女孩心里暖了，看着花，感觉男孩很细心。

然后，带着温暖，女孩工作到中午。这时，男孩打来了电话。女孩非常感动，说谢谢他的礼物。男孩说，早上的只是花而已，还差个礼物，过生日怎么能没有礼物呢。男孩又说，他一直在等快递的电话，算着时间他应该到女孩公司门口了。女孩正在疑惑，她的闺密风一样地拉她往公司门口跑，一个两人才能抱住的大白玩偶被快递员背着送过来了。整个公司的女孩都被惊动了。(可以搜索一下玩偶的价格，要不又该说“我没钱了”。)

下午照样很忙碌。刚下班，女孩赶快给男孩打电话。人家送了这么多礼物，出于礼貌也要关心下。男孩的电话打不通，她只好作罢。然后，又一个快递的电话打来，让女孩下楼接快递。女孩下楼后，看到男孩手拿玫瑰和巧克力，对着她笑。女孩说，这个生日能让她记一辈子。

约会需要你去安排和设计。每个女孩都知道，如果恋爱，目的就是最终走向婚姻。那么，谁能给她更好的约会感觉，她就会选择谁。

如何检验天使约会的成果

同魔鬼约会一样，天使约会成果如何，要去测试，而不要乱猜。此时，男性可以先选捋头发测试。如果通过了，可以依次测试牵手、搂腰等。

第一类约会是以轻度肢体接触完毕的，第二类约会就必须要推进肢体接触了。如同第一类约会时，你知道要进行杯子测试、擦嘴角测试一样，第二类约会时你想知道你们能不能牵手，可以找个机会去触摸她的头发。

比如，约会进行中，你可以说："你刚才走哪里去了，怎么头上粘了东西？"然后，一边说，一边用手去帮她捋头发。

这个过程，女孩的自然反应就说明了你在她心中的位置。

你去帮她捋头发，她快速躲开，说明你在她心里还没有占据什么位置，不要去想牵手了，先保持好现在这层关系吧。

你去帮她捋头发，她稍微迟疑一下，然后有躲的意识，但是不太明显，说明女孩还是犹豫的，没有最后下决心。你要平稳地继续跟她交往，让她看到你更优秀的表现，然后选择你。

你去帮她捋头发，她不仅不躲，还很配合你，说明女孩的内心对你是不设防的。一会儿，你可以大大方方地牵她的手。

牵手的时候，你要保持牵几分钟，松开，隔一段时间，找个理由再牵（比如，带她过红绿灯），再放开，再牵……让女孩适应牵手。她也是刚进入恋爱的状态，刚准备接受你，你千万不要慌慌张张的。

那能不能更亲密呢？比如说搂腰？要想搂女孩的腰，你要先有牵手这个铺垫。

当一个女孩接受你的自然牵手后，在过马路车多的时候，在逛商场或者旅游人多的时候，你可以去搂她的腰。这时，男生们一定要头脑清醒，这样做的初衷是要保护她，防止她被挤到或者被碰到。这也是一个测试，看女孩能不能接受你对她更加亲密。

如果她躲，说明还不能接受这么亲密的程度。看清楚，是不能接受这种亲密，而不是不喜欢你。你不要多想，一定要保持心态平稳，当这件事没有发生，因为你搂腰的初衷是保护她，而不是占便宜。千万不要进入小男人状态，开始尴尬起来。尴尬会让女孩感觉你搂她的目的是占便宜，没占到所以你恐慌了。这样的话，女孩会连手都不愿意让你牵了，你们的关系会倒退。

如果女孩不在意你的搂腰动作，先不要高兴，如果你跟个色狼一样一搂上就不松开，那你等着女孩跟你说不合适吧。你的初衷是为了保护她，所以搂腰。那么，当过了马路，人群散了，你就要松开搂腰的手，然后找机会再去搂腰，搂上，松开，松开，搂上……直到女孩适应。她也是刚跟你恋爱，你在适应，她也在适应。各位慌张的男生，她都让你牵手了，多搂一会儿少搂一会儿，又有什么关系呢？不要跟个色狼一样，抱着就不松手。

还有，请不要打乱亲密接触的步骤，没有在杯子测试中获得好感，没有轻度接触前，请不要在约会中强行牵女孩的手，搂女孩的腰，那样会被当成色狼对待。

有些男生说，我牵她，她没反抗，但是后来对我越来越冷淡。她是女人，你是男人，你强行牵手，她已经很害怕你这种变态行为了，她还敢反抗？如果你真是个变态，动手打她怎么办？所以，先配合你，然后逃掉不再见你是最好的选择。

其实，通过一些肢体表现，你就能掌握或知道你们的关系发展得如何。

比如，跟女孩拥抱的时候，对你有好感、喜欢你的女孩，小肚子和大腿是贴着你的，因为她们愿意接触亲密关系。

没有好感可因为某些需要必须拥抱的时候，你会发现，女孩会尽量让自己的小肚子和腿部远离你，只是上身跟你抱抱。

接吻的时候，如果女孩环抱着你，并且闭上眼睛，身体整个儿靠近你，说明女孩做好了把她交给你的准备，你们可以谈婚论嫁了。

如果女孩仅仅是半抱着你，手仅仅在你腋下的位置，而且下半身刻意拉远你们的距离，说明女孩有点不愿意跟你这么亲密。

如果女孩把手放在你们两个中间，挡在胸前，说明女孩不愿意跟你这么亲密。你这次亲过后，别亲了，再亲就是占便宜，女孩肯定会离开你。

为什么这样说呢？原因很简单。哺乳动物全身上下最软弱、没有保护的地方就是肚子。所以，当哺乳动物在没有对谁产生完全信任的时候，它是不会轻易把腹部暴露出来的，这是生物学的特征。你养的猫、狗喜欢躺在地上，露出肚皮给你摸，那就是对你的绝对信任。人也一样。

第06章

如何实现双方的感情升级

男性在感情升级的过程中会遇到不少困扰。比如，女性会在这时表现得犹豫不决，或者只愿意接受你的好。这时，男性一定要冷静下来，准确地抓住感情升级的关键点。⚜

如何做才能在恋爱中牵手

俗话说，心急吃不了热豆腐。恋爱中的牵手也是如此。所以，男性一定要让自己冷静下来，面对现实。只有通过测试，才能去牵女性的手。

让自己冷静下来

当你把恋爱的重点放到感情升级上，你的恋爱可能会出问题。因为你跟女孩恋爱，是爱；而牵手、搂抱、接吻是属于接触，是性的外部延伸。所以，在告诉你如何去牵手之前，你作为一个男人，必须知道，首先要能吸引住这个女孩，让这个女孩对你有好感，在有了好感后，才能去考虑牵手。如果你跟一个女孩在第一类约会中，我请你一定管住自己的荷尔蒙；千万不要以为使用什么招数就可以跟一个女孩在相亲和约会中，通过牵手去确定所谓的“恋爱关系”。下面这个案例里面的男孩就是因为没有冷静下来考虑牵手的时机，而被女孩拒绝了。

男孩跟相亲的女孩去一个地方玩（第一类约会中的第二次约会），然后在约会中强行去牵女孩的手。在这个过程中，他不仅没有感觉到不合适，反而认为女孩让他牵手，就等于两人确定了恋爱关系，兴奋了一个晚上。结果，第二天他再去找女孩的时候，女孩躲着不见他，然后聊天中提出两人不合适，不想再见他。他很郁闷：女孩都让我牵手了，为什么又说我们不合适？

道理很简单：约会时就你们两个人，如果你要强行牵手，女孩害怕不让你牵，你可能会对她不利。而当约会结束，摆脱你的强行牵手后，她肯定躲着不再见你。不然不躲着你，还让你再来强行牵手吗？

可那要怎么办才好呢？对于广大男性来说，怎样做才知道自己能不能牵手呢？

第一，你真的是在约会，而不是打着约会的名义在占便宜，满足你的荷尔蒙欲望；

第二，能不能牵手，是可以通过测试来判断的，不要像色狼一样，见到女性就只想着欲望。

必须面对的现实：“性”和“爱”的界限越来越清晰

如果你都没办法去制造一个充满舒适氛围的约会，那请不要去想牵手这件事情。牵手是在一个舒适的约会氛围中，因为男女双方的良好感觉而自然发生的。如果你都没法设计好你的约会，那请老老实实地管好自己的行为，不要去让女孩感觉你像是色狼。（关于如何设计并成功约会，你可以去看本书的前几章。）

此外，还有一个更严重的现实是，在当今社会，“性”和“爱”的界限越来越清晰。很多女孩认为，如果一时的冲动发生了男女关系，或者由于外因（比如父母逼迫）过早地进入了婚姻，而后发现并不喜欢这个男人，或者根本就没办法一起生活，那么快速结束这段恋爱或感情是最好的选择。甚至，有些极端的女性认为，结婚证就是一张纸，如果男人不把爱情植入他们的生活，那撕掉这张纸也是无所谓的。不相信的话，你可以看看你周围是不是有些女性在结婚后没有过多地考虑孩子的牵绊就离家出走了（这在上一代的女性身上几乎是很少发生的），而且很多已婚女性离家出走并不是因为家庭经济条件差。

所以，当男性还认为牵手、接吻、性是爱情的最终保证时，就意味着你的恋爱可能是个悲剧。再次提醒，约会的目的是为了让女孩知道你在乎她，而不是让女孩看到你只想围绕着“性”而约会。

在这个人人都很个性、人人都需要满足情绪的年代，如果你还认为女性要跟古代一样三从四德，被你摸一下就要跟你发生点什么，这就太……如果你看懂了前面的话，那么这会儿就应该已经冷静下来了。只有当荷尔蒙“冻”住了，你才能冷静地去思考怎么正确恋爱、正确牵手的事。

通过测试才能去牵她的手

很多男生说出去约会，不知道如何去牵手，什么时候可以吻她。先给大家介绍几个测试方法。

在讲测试方法之前，要特别提醒一些男性：

第一类约会中，你一见面就想拉她的手或者吻她，表示你是色狼无疑；在第二类约会结束时，还没去做测试不去牵她的手，那么进入“友谊区”或者被女孩不冷不热处理，那就是咎由自取了。

下面是一些牵手、接吻的测试。这些测试通过之后，你才能去牵手和接吻。其中，有些测试方法是我的原创，有些是学员自己遇到的实际情况，测试成功后给我提供的，还有一些是广大男性在恋爱中普遍使用的。不管哪一种，都是在告诉你，先测试女孩的态度后，才能去牵手、接吻。

你跟她约会时，两个人一起逛商场的时候，你可以装作无意识地用肩膀轻轻碰她。如果她既不躲闪，又没有反感，就表明她对你有好感，而好感是下一步牵手的前提。

在夏天时候，你和女孩约会，女孩的长发会被脖子的汗黏住。你可以在女孩头发被黏住的时候，帮她捋开头发。如果女孩没有躲闪，接受你的动作，那么表示她是愿意接受你的牵手的。

天冷时，你们约会，当女孩从地铁站或公交车下来时，你可以直接上前说：“你怎么穿这么少啊，今天降温了。”一边说，一边帮她揉搓一下胳膊。如果女孩没有躲闪，你可以把她的双手捧在你的手里揉搓，当然仅限于天冷的时候。

夏季，走路时，看似无意地靠近她，然后与她摆动的胳膊擦碰。如果女孩对你擦碰她的胳膊裸露肌肤不反感，便可以牵手。

牵手时需要注意：

第一次牵手后，3秒左右要放开。

因为女孩第一次被你牵手，难免会尴尬紧张，这时候她会有个犹豫的过程，一旦犹豫就会下意识地挣脱。如果你这个时候抓住不放，她的挣脱就会变成挣扎，对你的印象也会大打折扣。

反之，当你牵手后，3秒就放开，女孩还在犹豫时，你就放开了，女孩内心的紧张感会减轻很多，然后你需要第二次，再装作无意（其实是有意地）牵手，过一会儿再放开，然后再找机会牵手，女孩就从一开始的紧张慢慢过渡到适应。

比如，跟女孩过马路时，利用路口车多人多的情况，你可以牵上她的手，过完马路马上放开；利用进商场或者人多的地方，再次牵手，然后过了人多的地方再放开……在约会中，利用地形、人流等，实现“牵手—放开—再牵手”的过程，让女孩自然地跟你亲密。

警告：

没有通过测试不能牵手，否则会被看成色狼。

牵手后要学着放开。牵着手不放，一来会被当成色狼、幼稚男；二来手心出汗后会黏糊糊的，大部分女孩都不喜欢这个感觉。

如果觉得还是想不通，你可以回想一下自己的爸妈现在还经常牵手吗？牵手的时候变少了吧？（当然，不排除有专业“虐狗三十年”的超级恩爱父母。）他们的感情绝对比你刚恋爱时感情深，当年他们恋爱的时候，也跟你现在一样时刻都想着牵手，最后他们成了一家人，你父亲不再激动地要去牵母亲的手了。所有的感情最终都会走向平静，不管你今天多么荷尔蒙奔涌，多么兴奋，平心静气对待牵手这件事就好。

小贴士：

约会是为了展示你在乎她的程度，所以那些越能展现浪漫的东西，比如烟花、气球、你特制的恋爱小影片等，越能让女孩开心。因为你做的准备越多，用的时间越长，就代表你用的心思越多，说明你越重视她。各位在恋爱中与其研究如何牵手和接吻，不如想想如何创造惊喜和浪漫。我见过很多女孩，因为男朋友的惊喜，直接抱着男朋友就吻上去了，这里面一点技巧都没有，因为男孩走心，所以女孩的心被感动了。

不要担心搞砸。我的一个学员精心准备了半个月的惊喜，被扫地大妈一分钟戳穿，但女孩依然被感动哭了，然后答应做他女朋友。只要是你精心准备的，用心准备的，她都会接受，但是不要做得太不正常，比如穿得奇奇怪怪的，比如搞一些超越正常人理解的事情。

再强调一遍：女孩对你有了好感，愿意跟你进入第二类约会后，你才能去创造一些惊喜，否则就成了惊吓。

不同阶段感情升级的关键点在哪里

马上要第一次约会的男性，要特别注意对自己的形象进行调整，使自己的现实形象和网络形象尽量接近；对女孩有好感的男性，要特别注意提升自制力。

马上要第一次约会的男性要注意的关键点

在约会中，尤其是第一次约会，大家一定不要想着通过一次约会就把女孩搞定。如果你是这样想的，就会通过种种行为表现出来。比如，害怕说错话，害怕做错事，害怕女孩讨厌自己。自己的心怦怦直跳，感觉马上就要从喉咙里跳出来了。紧张、焦虑等情绪都跑出来了，连说话都开始结结巴巴。可能，自己还在极力地表现出“三好学生”的样子，自认为会蒙混过关。但你越是紧张，越想留下好印象，就越容易让女孩明白你想要做什么。女孩自然就会有所防备或者对你产生反感，然后这次约会就失败了。所以，大家一定要明白，第一次约会是两个人在现实中见面、相互了解的过程，要让这个女孩跟你一起度过一次愉快的约会。既然要跟女孩一起度过一次愉快的约会，请注意以下几个方面。

首先，要对自己的形象进行调整。女孩对于约会见面很重视，她会花费很长的时间来洗头、化妆、挑选衣服。如此大费周章的她，在现场看到一个衣服皱皱巴巴、油头、邋里邋遢不像话，连干净整洁都谈不上的男性会作何感受呢？“我的妈呀！这位大哥是做什么的，吓死我了，不行我要赶快离开这里。”然后，就有了女孩说“我有事先走了”的“剧情”。当然，并不是说我们一定要穿得非常时尚，一定要走在时代潮流的前列，但是一定要干净、整洁。头发一定要清洗干净，最好有突显自己气质的发型。

其次，要让现实中的你跟网络中的你在形象上尽量接近，而不要看起来完完全全就是两个人。现在会玩 PS、美图秀秀的人有很多，有人把自己 P 得太夸张。我不排斥大家使用这类软件，但是使用软件要有一个度。一旦使用过度，就会导致女孩本以为是和一个帅哥约会，没想到是个普通人。这种心理上的落差，会让对方很不舒服，很容易直接编个借口走掉了。

最后，在跟女孩的约会中，不要像木头一样站在那里什么话都不说，这样会让女孩感觉到“压力山大”。女孩会感觉：这是什么情况？这是来约会的吗？我怎么感觉这是我人生最后一顿饭了！这些压力会让女孩本能地选择回避，于是编一个借口走掉了。你要做的是主导本次约会，让女孩跟你一起有说有笑，一起玩玩游戏等；让女孩感觉到跟你在一起约会是一件很轻松愉快的事情，让她记住这个感觉，还想跟你进行下一次约会。当一个女孩产生了这样的感觉，之后的约会就随之而来，两个人之间的关系就会慢慢拉近了。

对女孩有好感的男性要注意的关键点

如果喜欢，你就大大方方地去跟对方要联系方式，然后跟她聊天，进行邀约，接着就是长期关系了。千万不要偷偷摸摸，四处打听，然后找别人要了女孩的联系方式去跟女孩联系，这样可能会让女孩小看你。如果你当面要不到，那就说明女孩没有看上你，就算你加了微信和 QQ 好友也没用。女孩当面都没看上你，会浪费时间跟你聊天吗?

其实，喜欢一个人没错，正常的喜欢是会有需求感的，但是不能因为喜欢就开始无法控制自己的心态。不要疯狂地打电话，发短信，甚至表白，正常地交往就好，用本书教你的聊天方法请她吃饭，正常邀约，正常约会，然后一定要有自控力。

人都有欲望，只要不使欲望疯狂起来，就不会让人感觉你的需求感过度暴露。接下来要做的是正常的沟通，要平心静气，不要给女孩过多的压力，控制好你的欲望，不然的话会被直接淘汰（比如直接问女孩约吗）。在与女孩聊天时，测试这个女孩对你的好感，如果好感足够，比如主动跟你打招呼、主动找话题、对你的话很有兴趣等，那就进行第二次的邀约见面。根据你学习到的约会流程，在约会中拉近两人的距离（比如牵手、搂腰、接吻）。

第二次约会顺利进行完后，继续在网络上进行沟通（聊每次你们约会的经历），看女孩对你本次约会反应如何。如果反应很好，那么恭喜你可以继续约会推进关系，很快你们可以成为恋人了。

曾经有人问过我这样一个问题："老师，我喜欢一个女孩，想让这个女孩成为我的女朋友，可是我跟她聊天，她都不理我，我应该怎么办才能让她喜欢上我呢？"

想要让这个女孩喜欢你，就别把希望寄托于跟这个女孩聊天，而是通过两个人的见面和面对面的相互了解来确定她是不是你想要的那个人。很多女孩说："现在的很多男生就知道拿着手机在网络上对着手机屏幕聊天，希望通过聊天让我跟他确定恋爱关系。"女孩们特别反感那些只在网络上聊天从来都不见面，甚至连见面的勇气都没有的男生们。

为什么很多男生只聊天不约会呢？因为他们也试图约过女孩，但是得到的回答却是NO。一次又一次地邀请，一次又一次地失败，有些人就心灰意冷了。还有一些看到别人一次又一次地失败，自己也害怕失败，就索性放弃了。当我问女孩："你为什么不给这些男生一次机会呢？"女孩回答道："不是我不给他们机会，而是每次跟我约会的男生，从以前到现在没有任何变化，都是穿着几年前的旧衣服，头发也不洗，头屑像雪花一样飘落。白衣服都变成黄衣服了，整个人就像一个乞丐。这样的男生我见到的太多了，都已经麻木了。我也很失望啊！为什么就不能遇到一个好一点的男生呢？”

看到这里，你就明白了，女性想要的是发型时尚，没有头屑，衣服干净整洁，有着自己的生活标准的男生。他哪怕现在没有很多钱，但是要有一颗不懈努力的心；哪怕现在不优秀，但以后一定会优秀的。而这些男生想要的是一个对自己没有太多要求的女生，自己想过什么样的生活就过什么样的生活，在家里衣服不洗，鞋子乱扔，就知道玩游戏、看小说……因为他们对自己就没有要求，也不喜欢别人对他们提出要求。男生与女生之间在观念上产生了分歧，女生想要的是一个发型时尚、穿着干净得体的男性，可以跟他一起去逛逛街，挑挑小商品，看看电影，吃点小零食，可以一起享受浪漫的生活；而男生只想要一个漂亮的女朋友，但是自己还衣服不换，头发不洗，就像一个乞丐一样。

女生一旦选择了这样的男生，她就必须降低标准来适应这个男生，这就意味着她要跟那个男生一样，不洗澡、不洗头、不换衣服、不逛街、不看电影、不挑选小配饰、不出门聚会、不化妆、不去锻炼等，让她之前的生活因为你的出现而完全改变。如果你是女生，你愿意接受这样的生活吗？不愿意吧？所以，越来越多的女性宁可选择单身，宁可选择成为大龄剩女，也不愿意找一个随随便便的男人嫁了。

从根本上讲，你想让女生跟你聊天，首先要对自己的生活有要求。每天收拾自己的发型，为自己挑选干净合适的衣服，定期去逛街，有机会去旅游，让自己的生活变得更好。

只有你提升得比女生高，当女生看到一个吃穿用行都很有品位的你出现在她面前的时候，就会本能地感觉到你是一个优秀的男生，想更多地了解你，想跟你聊天。

提升自己后，如果这位男生再次邀约这个女生，女生就会很高兴地赴约。因为她想要来看一下这个男生到底是不是她想要的那类，是不是符合自己择偶标准。如果符合，两个人就开始了恋爱之旅；如果不符合，成为朋友也是一种不错的选择。

如何应对女性的犹豫不决

女性之所以犹豫不决，是因为她们喜欢有主见、有品位、成熟的男性，而你目前不具备这些特质。这时，你需要做的是改变自己不成熟的思维方式，努力提升自己。

女孩说再考虑一下，就好像你去买车、买房的时候，跟导购人员说的再考虑一下是一样的情况，说明目前暂时不满意。她没有骗你，也没有考验你，只是因为她对目前的你有些不满意，你需要改掉她不满意的，成为她满意的，这样才会有机会。可现实情况是很多男性根本没有明白这回事儿。

第一种，“女孩对我不满意，所以我要去展示真心，开始不停地表真心。”

想象一下，如果你要买的车质量有问题，房子设计有问题，导购对你再好，就算导购是你的亲友，你也是不会轻易就去购买的，毕竟这是要使用几十年的物品。所以，当女孩说考虑一下，说明暂时有不满意的地方，而你要做的就是后撤，然后找自己的不足。再想一想，你选个房子、车子都挑来挑去的，她这是在挑老公，后半辈子都在这个男人身上呢，你认为她选个老公还不如你买辆车重要?

第二种，为了打动她而不停地送礼物，总幻想着女孩收了礼物，就能够成为自己的女朋友。

在这里，我不讲大道理，只看现实情况。女孩自己是上班族，一个月收入最起码有几千元，一年也有几万元的收入，有些女孩一年有十几万甚至几十万的收入。你送的礼物有多贵重？能抵上姑娘几十年的收入？肯定不能。如果连姑娘半年、一个月的收入都抵不过，这个礼物也就是个廉价的工业产品，哪个女孩会因为这么廉价的礼物把自己一辈子的幸福送给你？所以，幻想送个礼物就能让女孩喜欢上自己的男孩，还是清醒一下吧，不要这么幼稚了。

第三种，为了让她对自己有好感，开始不停地去找话题。

这种男人最懒，也最无能。他们除了一张嘴，什么都没有，总是幻想着通过聊天话题或者聊天技巧去找个女朋友。你认为一辆车有质量问题，这时候导购有多牛的话题和技巧，能说动你买辆质量差的车呢？连买辆车你都不会听什么聊天话题和技巧，女孩是找老公，你却幻想能用个什么话题和技巧让她喜欢上你?

明明问题出在你身上，女孩是因为你有问题而犹豫，而选择“再考虑一下”，可你却不去改变自己，只期望找个方法让女孩降低标准或者放弃高要求，然后来找你。这样的想法，显得幼稚至极。

当女孩犹豫的时候，你需要做的就是冷静分析，然后想办法提升自己（本书讲了提升方法哟）。

第四种，向对方表白后，对方既没有接受，也没有拒绝。

表白这件事，我相信，有很多男性都对自己“心爱”（如果爱一个人，是不会让她难堪的，而对那些只想表白的男生，却没想到女孩是个活生生的人，所以心爱是必须加引号的）的女孩表白过。其实，大多数“表白男”的想法并不是因为相爱而表白，而去加深爱情，大多数男人表白其实是想万一表白成功了呢？万一自己喜欢的女孩被别人表白成功了，岂不是连表白的机会都没有了？他是在这个投机占便宜的心理下去表白的。（万一自己花两块钱买个彩票中了500万呢？别人花两块钱中了500万，自己为什么就不可以呢？）

至于结果，我想大家比我都清楚。不！答！应！那是因为，就这样表白成功比中500万的概率还要小。你想要对女孩表白就是因为你喜欢她，可在女孩的世界里，她连你是什么样的性格，什么样的脾气秉性，你做人做事的方式方法都不知道，她又怎么会随随便便地选择你呢？再说，你喜欢女孩，连女孩穿多大码鞋都不知道，你就说你喜欢她对她表白，这是为了爱还是为了其他什么呢？答案不言而喻。

很多男性去表白时都没有弄清楚对方是不是也喜欢自己，所以就用表白来测试一下对方的态度。你是得到了女孩的回复，但是答案比哭还难受（“对不起，你是一个好人，我不想伤害你，我们还是做朋友吧”）。你就不能用一个简单的测试来试一下女孩对自己的态度，一定要用那种“非生即死”的方法来测试吗？结果，被女孩拒绝了，从此你与她之间的关系就有了一道鸿沟，关系就这样一直处在冰点。

我一直在强调，不要轻易向女孩表白。因为向女孩表白就等于把主动权交给女孩，女孩想答应就答应，不想答应就不答应。表白还意味着你在逼迫女孩答应你，这本身就是不负责任的表现。女孩想要另一半，是因为他可以带来轻松愉快的感觉。你这样逼迫女孩只会增加她对你的讨厌。

如果女孩直接拒绝你，你还不会那么痛苦，关键是没有拒绝，也没有答应啊。这就像护士给你打针，针一直在你身上来来回回，就是不扎进去，你的那颗心啊！别提有多纠结了。

为什么女生会有这样反应呢？犹豫不决来源于不满意。

一是她是在找借口拒绝你，但是目前又没有更好的借口。

这样的情况多半是二人关系不错，也可能是比较熟悉的朋友，但是女孩对你只有友情，简称“没感觉”，“友谊区”也就自然而然地产生了。你把她当哥儿们，她把你当闺密，什么话都聊，就是推进不了关系。这层关系一旦遭遇表白，就会出现这样的情况——“我把你当朋友，你居然想跟我上床”！所以，女孩就在思考如何在拒绝你的同时，还能维持和你的友谊，怎么样？是不是很难？

二是女孩不想答应你，但是又怕你对她纠缠不休。

这类女孩通常遇到过这样的情况：一位男士对她有好感，就对她表白了，但她对那位男士没有感觉，就果断拒绝了。结果，那位男士越挫越勇，对女孩追问："你不喜欢我哪里，我改！我一定会变成你喜欢的那个样子的！""等你变成我喜欢的样子再说吧。""别啊！你先告诉我啊！不然，我怎么知道你的标准是什么？"……

如果女孩不说，他就会疯狂地打电话、发短信、发微信来问女孩，甚至有些极端的人士还会跟踪女孩，去女孩家门口蹲守，去女孩工作学习的地方找她。这种疯狂让女孩苦不堪言。

由于女孩经历过这样的情况，她不想再一次引发这样的情况。那就干脆不理你，让你没有理由来烦她，也让你知难而退。所以，你要明白女孩的用意。

女人喜欢有主见、成熟的男人，对没有主见又不成熟的男人，她当然犹豫了。

很多男性在与女性相亲或者交往的时候，都喜欢去询问女性的意见。比如，"今天中午你想吃什么？""今天下午我们去哪里玩呢？""我们去看电影好不好？"。

这些问题表面上看是尊重女性，给女性一个自主选择的空间，结果却往往事与愿违。你是一个男人啊！你们在吃喝娱乐的问题上总要有一个答案。结果，你把这个问题丢给女孩了，让女孩去思考。这个时候，女孩的第一个想法就是："这个男人到底怎么回事啊？连吃喝玩乐都要我替你考虑，到底是我是男人，还是你是男人啊？你就不能做一个决定吗？什么事情都让我来决定。真是烦死人了！”

想要给女性自主选择的权利，却忽视了自己作为一个男性，应该引导女性的必要性。如果你想询问女性的意见，又不想让她感觉你无能，可以这样说：“今天中午我们去吃素食吧，营养丰富，对皮肤好哦！”“好久没有改善伙食了，今天咱们去吃西餐吧！”

像这样的回答，既给出了自己的想法，又让女孩感觉到是被你在乎的。像这样的话，要在你的大脑里多存储几句，一定用得上。

女人喜欢生活有品位的男人，而不喜欢为了活着而活着的男人。

有些男性的收入不低，工作也不错，但是穿着随心、生活随便、追求随意，实在是让女孩感觉不出品位。

举个例子。我们有一个学员，在上海是一名技术工程师，年收入在 70 万左右。他对我们说，他每交往一个女孩，都不超过半个月，女孩就离开了。我们对他做了情感测试。后来询问他的生活情况时，他说：“上海房子不好买，我所做的一切都是为了省钱。我喝水用饮料瓶，我与别人合租，我吃饭都挑最便宜的，衣服也是地摊货。别人都说我土，我不知道要改变该如何做。”

听完这些情况，我们的老师当时就崩溃了。

老师对他说：“你这样的生活状态，别说年收入 70 万了，我感觉你月收入可以到达3000元就已经很厉害了。你完全可以把自己的生活过得很精彩。但是，你偏偏要给人一种生活艰辛且不易的感觉。都这么差劲了，女孩为什么要跟你一起生活？跟你一起生活有未来吗？你要记住人都是要追求更好的生活的，女孩也不例外。

“你应该彻底改变一下你的思维方式。你有一份收入不错的工作，你也有获得高收入的能力，完全可以利用自己的技能去兼职或者开课去挣更多的钱，而不是降低自己的生活品质。这样苟且地活着，奋斗就失去了意义。你要在上海买房，也不差一杯茶、一顿饭、一件衣服的费用吧？说到底，还是思维习惯的问题。

“你应该学会合理地分配你的收入，用多少钱改善居住环境，用多少钱改善日常饮食，再用多少钱提升自己的工作技能，而不是一味地省钱，把自己省成了一个‘乞丐’。当你变好的时候，你身边的朋友会变得越来越多，女孩也会围过来。那么，这个时候，你还需要给自己准备一笔钱用于交际。朋友就像滚雪球一样越来越多，你还会担心身边缺少女性吗？你还会担心女性觉得你土气离你而去吗？看看现在的你，别说女孩了，你自己都瞧不起自己。生活品位提高了，女孩自然也会觉得你气度不凡，更愿意靠近你了。这时，爱情的主动权就回到你手上了。”

如何避免成为她的“好朋友”

如果女孩总想让男孩成为她的“好朋友”，而不是恋人，就只能说明男孩没有掌握住自己爱情的主动权。要想掌握主动权，男孩就要使自己不断升值。

有个学员问我：老师，女孩总是想把我划到“友谊区”，把我们变成“好朋友”，我该怎么办？

“友谊区”是指**你在一开始建立了吸引的感觉，并让你们的关系进入一定的熟悉度之后，没有向着暧昧的方向发展**。

你感觉你属于这种情况吗？如果属于，可能是因为你不愿意去做那些你个人觉得会破坏你们关系的行为，比方进行肢体上的触碰等，女孩一而再再而三地给了你**暗示**和**机会**去进行身体上的触碰，却因为你不敢，失去了一次又一次机会。（**机会之窗，有时候，只有一次**。）

这样一来，你们之间向暧昧阶段发展的那种吸引感就消失了。当没有了那种感觉之后，女孩子会自动将你归入“好朋友”

那类，而不是可以让她面红耳赤的男人。结果，你被困在这个阶段，你们的关系永远只能止步在这个阶段——聊天的感觉很好，对方愿意和你出来约会，愿意和你吃饭，但是总是感觉你们之间缺了一点点的身体和心灵的触碰，永远都感觉那么平淡。

然后，时间长了，你们就只是朋友了，你就成了永远的“女性之友”：在对方心情不好的时候，当个听众；对方心情好的时候，赏你一个笑容；然而，她的内心却永远是对着别人敞开的，你只能作为朋友在一旁看着！

女孩也是有需求的，你应该做的就是跳出“友谊区”，一段时间不去和女方接触，拒绝三五次做朋友的那种出来聊天为对方解闷打发无聊时间的机会。是的，就是拒绝。

然后，再次出现的时候，就作为一个全新的你，每当有了肢体接触的时候，进一步、退两步的，重新建立这个阶段的吸引。**每次的退两步都是你主动的，并且你必须掌控住你们之间的节奏**。这就是最基本的模式。打破“友谊区”，才能跟你喜欢的女孩在一起。

还有一位学员向我倾诉了他的苦恼：“这件事情一直困扰了我两年，至今我还是很迷茫，仍分不清我要不要和她在一起……我们是高三的同学，高中时候大家都只顾学习，大一开始谈恋爱，其中经历了好多次的分分合合，其间有三四个男孩追她，其中有一个男孩跟她暧昧得特别厉害。”

根据他的情况，我们判断，他们俩现在处于濒临分手的状态。而女孩的心理状态，大概是这样的：

一是她认定你不会离开她。

你们在高中是同学，到了大学才开始恋爱，**对你来说，这份感情来之不易，要好好珍惜；但对于女孩来说，这仅仅是一次恋爱，没有什么特别的**。你比女孩更加珍惜这份感情。女孩认定了你不会离她而去，所以她就可以尽情地享受现在的生活，包括别人对她的好感。

她可以随便玩，反正身后有一个人在等待她。当有一天她玩累了，想要好好过日子了，只需要回头，就有人愿意接受她，她当然有恃无恐了。

二是她在寻找更好的。

女孩与其他男生玩暧昧，在这点上她根本没有考虑过你的感受。男性是占有欲是很强的，即是我的就不允许别人惦记。这是男性内心最不能容忍的一点。但是，你的女朋友还跟别人搞暧昧，你都察觉到了，你在她心目中的地位可想而知。她想找一个更好的男性，目前她只是没有遇到更好的而已，所以才会跟你分分合合。这是骑驴找马的典型表现。一旦有一个更好的男性出现在她面前，她就会毫不犹豫地甩开，跟别的男性在一起。

两种情况都在指向一个核心点：**在你的女朋友眼里，你是一个价值不高的男性，随时可以被替换。如果她身边出现了一个价值比你高的男人，她会轻轻松松地甩掉你，跟那个男人在一起**。

想要摆脱这样的现状，你要做的就是不断提升自己的价值，

不论是硬价值，还是软价值。

硬价值：打铁还需自身硬，要有一个坚实的外在，从自己的发型到衣着都去进行调整；还可以去社会上兼职、实践，增加自己的社会阅历，让自己在学校里或者社会上都能成为一个耀眼的“男神”，别人不能忽视你的存在。

软价值：作为男性，如果仅仅有外表那就是一个空壳子，接下来要丰富自己的内在。在大学里，你可以多去看看书，参加学校组织的活动；或者加入学生会，成为里面的骨干；还可以去参加志愿者活动，参加公益活动，去帮助他人；也可以去参加户外运动，如登山、骑行等，锻炼自己的意志；学校里的一些科研研究也可以报名参加。总之要去不断地积累自己的阅历并提高解决问题的能力。

当这两项价值同时具备的时候，你不仅仅会吸引那位不安分的女朋友，还会吸引更多的女性对你投来爱慕的目光。当有其她女孩对你有好感，并开始接近你的时候，你就掌握了爱情的主动权。这时，你的女朋友该担心你会不会被其他女孩抢走了。她还会不在乎你的感受吗？还会与其他男生搞暧昧吗？

你要掌握自己爱情的主动权，你的感情你做主，否则就会受制于人。

不要成为她的“备胎”

如何才能避免成为她的“备胎”呢？掌握“备胎”的“症状”就可以。比如，她只有在需要你的时候才来找你，你们几乎没有肢体接触等。

很多人看到这个标题，应该都是一肚子的“故事”，一肚子的“我认为”，其实说白了，不就是你对一个女孩好，她接受了你的好，但就是不明确表态要不要当你女朋友，不管你是怎么“认为”，不管她有什么“苦衷”，经历过这种情况的男人，一下子就看出来这个情况跟备胎的感觉很相似（其实就是备胎）。世上有一种男人，明知道跟她没有可能，明知道她不爱自己，还是要盲目地待她好，而且女方也愿意接受他的好，这种男人我们称之为“备胎”。

在与女孩的交往过程中，广大男性一定要避免成为“备胎”。那么，“备胎”都有哪些表现呢？

表现一：只有需要你的时候才来找你

你们平时就如同路人，你过你的生活，她过她的生活，只有在需要你的时候，她才会来找你。比如，电脑坏了、家用电器坏了，找你来修；吃饭到最后、跟小姐妹们在KTV唱歌快结束的时候，让你过来埋单；让你去取一个快递、帮她带点东西……

很多男性就是搞不清楚，什么时候应该对女孩好，只是认为我喜欢她，就要对她好，无条件地服从她的安排，认为这样才能吸引到女孩。其实，这样的做法会让女孩感觉你是一个很没有主见的男性，用起来很顺手，仅仅是当一个工具使用而已。如果真的要升级成为男朋友的话，女孩是拒绝的。比如，有一天你的电脑坏了，你用螺丝刀与扳手等工具把你的电脑给修好了，结果你使用的螺丝刀与扳手突然跟你说要做你的女朋友，你会有什么感觉？是不是感觉很荒谬？

一定要记住，喜欢你的女孩，是不会要求你做那么多事情的，她只会要求你做一些很简单的事情。

表现二：你们几乎没有肢体接触

如果你在女孩眼里是“备胎”，那么她一定会跟你保持距离，不仅在公开场合保持距离，而且私下里也会。你可别以为这是女孩子的矜持。比如，你跟她吃饭，她会找一个宽大一点的位置，坐到你对面，座位还往后拉一拉；如果要一起逛街的话，不是她在你前面，就是在你后面，不会与你肩并肩；一旦由于什么原因，两个人相互肢体接触到了，女孩会迅速与你拉开距离。

一个对你有好感的女孩，是会主动靠近你的，她会通过肢体来触碰你，而不是躲着你。

表现三：接收你对她的好，但是从未主动付出

“对她好”分为两种：一种是你主动对她好，另一种是女孩要求你对她好。二者有一个共性，那就是男性在不断地投入时间和金钱，认为投入就会有回报。比如，一个男性主动问女性“你需要什么帮助啊”，喜欢帮助女性解决一些事情，女性只会认为“你就是一个好人”；但是真正的感情是两个人都对这份感情有所付出。单方面的付出，甚至自己付出到感动自己，那是道德绑架而已。

如果上述情况出现任何一种，你百分之百被女孩列为“备胎”了，现在意识到这一点还不晚。当你明白她不是你女朋友的时候，你要选择如何去“止损”，而且我建议，你最好在建立正确的爱情观之后，再跟女孩恋爱。

第 *07* 章

恋爱中有哪些不懂就出局的细节

恋爱中有些不懂就会令你出局的细节，比如恋爱中可以“好色”，但不可“急色”；好感是约会的前提，但不等于爱情；恋爱要遵循一定的流程，不可一蹴而就等。

恋爱中可以“好色”，但不可“急色”

“好色”是人的本性，但是既然男人向女孩要“色”，那么你就要给女孩陪伴，给女孩安全感，让女孩看见，你是在用心跟她恋爱。

一个男人跟女孩不是一个单位的，又没有业务联系，可男人加女孩微信，要跟女孩聊天，他的目的是什么？女孩会不会天真地不知道他想干什么？

答案是，连初中生都知道这个男人来干什么的。

男人需要女人，男人对女人有色相的需求，这是正常的，不需要遮掩。可很多男人竟然幼稚到认为他找女孩聊天，女孩不知道他的目的。当一个男人对着女孩说出第一句“你好”的时候，女孩就知道你想干什么了，要不就是约她，要不就是找她恋爱。无论是哪种情况，最终都是想让女孩嫁给他。女孩子特别明白这一点。

如果一个女孩温柔、漂亮，肯定会有很多男人追求，那么按照人性来做选择，你认为她会怎么选？肯定是谁最好选谁啊。这个“好”不是你有多少钱，有车还是有房（我前面说过原因），而是女孩常说的“安全感”。

女孩不管嫁给谁，都要生孩子，照顾父母、孩子和家庭。但是，她生完孩子会丑会老，会失去单身女性的光鲜靓丽。这个时候，她会害怕男人抛弃她，害怕婚姻失败。那么，怎么预防婚姻失败呢？她一开始就考察，这个男人是为“性”而跟她恋爱的，还是因为对她的了解很深而产生的“爱”才在一起的。

那些刚认识半天、一天就慌张表白的男人，那些没认识几天就动不动发誓“我不让你掉一点眼泪的”的男人，那些刚聊个天、约个会就火烧屁股要“恋爱”结果的男人，怎么看都是被性欲冲昏了头脑。因为他们害怕别的男人跟他抢，他想赶快把女孩拿下，与她发生两性关系，满足自己的性欲望。谁都能看出来，这里面根本没有爱。

至于女孩爱吃甜，爱吃辣，女孩是不是恐高，女孩是喜欢看书还是看电影，女孩到底想要什么样的人生伴侣等，这些真正需要时间，需要去了解，需要去用心“爱”的事情，这些男人都是毫不在意的，因为他们是打着“爱”的旗号来行“急色”之实的。这样的男人今天能为了“性”毫无顾忌地乱发誓，乱表白，等女孩老了、丑了，其他漂亮女孩出现的时候，他们也会再次被“性”冲昏头脑，而再去表白、发誓。所以，女孩只要稍微有些识别能力，是不会跟这类男人恋爱的。

男人找女孩聊天、恋爱是正常的，所以我会建议你去安排一些带有浪漫色彩的约会，以便赢得女孩的芳心。“好色”是人的本性，但是既然你向女孩要“色”，那么你就要给女孩陪伴，给女孩安全感，让女孩看见，你是在用心跟她恋爱。连用心准备一次约会都做不到，谁会相信你？只想要“色”，只想发生两性关系，女孩想什么你不关注，女孩需要什么你也不在乎，那人家为什么非要嫁给你？你到底是“爱”她，还是在“爱”两性关系？所以说，恋爱中可以“好色”，但决不能“急色”。

好感是约会的前提，但不等于爱情

在女孩犹豫的时候，别像傻小子一样逼她要结果，而要多带她浪漫约会，多给她留下好的回忆，多让她舒服、轻松，这才能让女孩最后决定选择你。

很多男生总在一个恋爱位置焦虑：我是那么爱她，我是那么喜欢这个女孩，这个世界上没有一个男生比我更爱她。我们聊天了，也约会了，可她不说行，也不说不行，到底想要什么？

现在告诉你，她对你是有好感的，不然不会跟你约会。可是，假如说一个女孩长得比较漂亮，你认为这个女孩身边会仅仅一个男生在追她吗？肯定不是的，她的身边肯定有别的男生追她。这么多人追她，你就敢保证你对她的好比别人的强？我敢保证，这个女孩身边追她的男生中有比你对她更好的，甚至远远超过你的都有。那么，这种情况下，这个女孩为什么要选择你做男朋友？你说你爱她，可以为她付出你的生命，让她快点答应你的追求。这不就是典型的“急色”么？

你着急要结果的目的是避免跟其他男性的竞争，可女孩不着急答应就是想看看竞争的结果。这个时候，你告诉女孩你不能让我去竞争，你必须选择我当你男朋友，这不是傻还是什么？女孩又不是你家里的小狗，她在她家也是“小公主”。

女孩为什么要进行挑选？为什么不能遇到我就选我？

真的不能。因为这个女孩一旦嫁给你，很可能就是要过一辈子的（“一结婚就过一辈子”是很多女孩的心声）。一辈子几十年呢！你们从出生活到今天，不过才二十几年、三十几年，后半辈子多长你想过吗？女孩不挑，随便遇到一个男人就结婚，然后磕磕绊绊地过后半辈子？你会让你的女儿这么过日子吗？所以，那些动不动就希望跟女孩快点有结果的男人，在女孩眼里根本不值得信任。

各位，现在知道该珍惜了吧？你终于跟一个女孩约会了，她跟你约会但是又不给答案，是女孩开始对你有好感，但是好感没达到爱的地步。你作为一个男人，稳是你的特性，等就是了，边等边约，耐住性子等女孩做出选择就好。在女孩犹豫的时候，别像傻小子一样逼着她要结果，而要多带她浪漫约会，多给她留下好的回忆，多让她舒服、轻松，这才能让这个女孩最后决定选择你。

如果最后她没有选择你，那你就要接受失败，停止追求，同时不断提升自己，让自己增值。总有女孩会接受金光闪闪又善解人意的你。

恋爱要遵循一定的流程，不可一蹴而就

恋爱是要遵循一定的流程的，着急不得。比如，双方交往时间在一个月内，属于筛选期。此时，双方需要互相了解，互相适应，衡量对方是否适合和自己在一起。

第一阶段：交往时间一个月内（筛选期）

这个阶段是两个人刚刚认识与交往的时候，仅仅是相互了解、相互适应对方的过程。在这个过程中，两个人的兴趣爱好、衣食住行、为人处事等都会展示给对方。双方都会进行一个衡量，来判断两个人是不是适合在一起。比如，在这一个月里，女孩会看男孩的一些表现，像安排事情的能力、处理容突发问题的方法，以及危机处理能力，等等。如果两个人交往时间超过一个月，恭喜你！你成功地度过了筛选期！反之，你就被淘汰掉了。

第二阶段：交往时间一个月到三个月（过渡期）

以为度过了筛选期就安全了吗？错！度过筛选期仅仅是一个开始，因为接下来才是正题。女孩通过你们一个月的交往，感觉到你是一个可以交往的男性，但之前的你会不会是装样子呢？于是，你会发现一件很有意思的事情：前一个月里你是怎么优秀的，在这期间她还会要求你继续优秀下去，而且还要更好。如果你之前的表现有水分，在这三个月里，别说水分了，连油都没有了。女孩会把你看得干净透彻，也会把你甩得干脆利落。

第三阶段：交往时间三个月到六个月（蜜月期）

这个时间段就是大多数男人梦寐以求的阶段了。女孩会在这个阶段变得温柔、体贴、惹人爱怜……这个阶段的情侣有一个行为，那就是秀恩爱！两个人天天黏在一起，各种恩爱，各种秀，各种拉仇恨。处在这个阶段的人可以享受爱情，享受甜蜜。

第四阶段：交往时间六个月到一年（长期）

棒打鸳鸯的时刻要来了！这期间的男女已经度过了蜜月期，

激情渐渐消退，开始回归生活的本质。而生活中的琐事，像柴米油盐酱醋茶等都会接踵而至，让两个人深刻地体会到生活的不易，这时也是两个人吵架、闹矛盾最多的时候。因为女性想要男性更好，承担起男性应该有的责任，而男性想要继续停留在蜜月期，继续恩爱下去。两个人从观念上产生了分歧，矛盾越来越多，分手也是自然的。

第五阶段：交往时间一年以上（等待结婚）

你们经历了筛选期的相互了解，过渡期的相互喜欢，蜜月期的甜甜蜜蜜，然后经历了长期关系的磨合，最终能走到这个阶段，这本身已经很不容易了。接下来，女孩考虑的是两个人的婚姻问题。什么时候结婚，什么时候办婚礼，什么时候去旅行，旅行去哪里等问题就在女孩的脑袋里开始思考。如果这个时候你作为男性没有想过这些问题，女孩就会跟你吵架；如果想过这些问题，那我祝愿有情人终成眷属、白头偕老。

发现并解决自身问题，才是挽回她的正确做法

真正成熟的男人是能够找到自身的问题，并且一个一个地解决、改变，然后以一个崭新的形象出现在女生面前，让女生看到，那个让她讨厌的男人消失了。

其实，说到挽回，一直是一个比较沉重的话题。因为沉重，所以要慎重。

在聊挽回之前，先要聊一件事情，那就是分手。是什么原因让你们分手了呢？这件事情大家有没有搞清楚呢？当女孩说分手的时候，很多人会以为是自己现在做的，或者是之前做的某一件事情让女孩反感了，哄哄就好了。

可事实却是女孩早就因为你的各种事情倍受煎熬。

比如，你的不上进。女孩跟你在一起的时间有六个月或者一年了，跟她在一起之前你是什么样子，现在还是什么样子，没有一点点的变化。女孩看到跟你同期入职的男同事们有的已经升职、加薪，更换居住环境了。而且，她闺密们的男朋友结束一

天忙碌的工作之后，还要努力学习，提升自己。他们有的学习金融，有的学习管理，有的学习技术，有的学习人际交往等。即便是没有主动学习的上面这些专业知识，也跟着自己的女友学会了做饭、收拾家务，并时常帮助女友处理一些难题。

可你的女孩看到，你工作结束后也不学习，就知道看网络小说、玩游戏，而且一玩就是一个通宵；从来不关心她，认为她是自己的女朋友了，一辈子就是自己的了，可以高枕无忧了，就不需要爱护了，就不需要关心了。

女孩跟你在一起了，就是锁到保险柜里了？女孩是有腿的，她随时可以离开。

她就像一个炸药桶，在这期间不断地堆积着能量。等积累到了一定的时候，哪怕一件小小的事情，都可能成为引爆这个炸药桶的导火索。就这样，炸药桶爆炸了，感情破裂了。

所以，大家一定要明白，分手并不是一件事情导致的，而是由很多问题堆积导致的。任何分手的问题，都不是短期造成的，最少都有几个月的积累。而且，交往时间越长，积累的问题就越多，爆发的强度就越大。

在这里，给想要挽回的朋友们说明一件事情：挽回不是仅仅嘴上说的，去对天发誓，说什么“我不会再辜负你的”；不是向女孩许下很多诺言，甚至诅咒自己“我负了你出门被车撞死、打雷把我劈死”等；也不是去纠缠女孩。很多人在女孩提出分手之后，就会不断地去纠缠她，给她发 200 多条短信或打 100 多个电话，或者到女孩学习或工作的地方去找她，甚至在女孩上下班的路上去蹲点。有的做得更极端，把女孩吓得上班换路线之后，男生还到女孩家门口等她。女孩最后都只好换住处，男孩还不死心，还要接着找。女孩实在是忍无可忍，离开了这个城市。大家感觉这样的做法，能够挽回么？不仅不会挽回，而且还会把女孩越推越远，让女孩彻底地拉黑你。

你分手了很难受，女孩也分手了，难道她就不难受么？这期间，她需要冷静一下，需要重新考虑一下未来的生活，没想到却遭到你的短信和电话轰炸、发誓诅咒、跟踪堵门。你就像是弄丢玩具的孩子一样，大哭大闹，大吵大叫。当女孩看到这样的情况之后，她会怎么想？幸亏当初分手了，没想到他就是一个长不大的孩子，我怎么敢把我的未来寄托在他身上呢？于是，你的感情就这样在你自以为是的做法中彻底消失了。

你要做的就是让自己成为一个真正的男人，成熟稳重、说话得体、行为大方、做事不慌不忙。你要做的就是找到自身的问题，看看自己在跟女孩交往的时候，有哪些地方没有做好。真正成熟的男人是找到自身的问题，并且一个一个地解决、改变，然后以一个崭新的形象出现在女生面前，让女生看到，那个让她讨厌的男人消失了。

一个崭新的你出现在她面前，一个新的你与她，开始一段新的恋情。

链接

本书与恋爱百分百课程配合使用，效果更佳。

恋爱百分百课程

第一讲　一见钟情

本讲内容：

1. 剖析女性心中魅力男性的外在形象
2. 剖析女性从浅层到深层的恋爱需求及心理
3. 服装搭配的学习及掌握
4. 建立时尚气质的方法

学习目标：
建立你对女性的初步吸引，达到一见钟情的效果。

第二讲　女性吸引法

本讲内容：

1. 案例剖析女性眼中的魅力男性心态
2. 建立成熟稳重的魅力男性心态的操作方法
3. 激发女性潜意识对你产生依赖的操作方法

学习目标：
引发女性对你的初次恋爱幻想。

第三讲　魔力布局术

本讲内容：

1. 男性价值的正确展示方法
2. 社交软件在恋爱中的使用及掌握
3. 建立社交展示面的操作方法

> 学习目标：
>
> 达到内外形象的一致性，让女生在接触你之后，产生二次认可，并期待和你聊天。

第四讲　人生规划

本讲内容：

1. 人脉圈社交圈的建设及拓展
2. 建立人脉圈中领袖地位的操作方法
3. 合理运用朋友圈资源增加收入的操作方法
4. 人生事业的规划及指导
5. 吸引朋友圈中优质女性的操作方法

> 学习目标：
>
> 明确人生目标，提高自己在朋友圈的地位，达到吸引优质女性、获得朋友助力的良好效果。

第五讲　尊严聊天模型

本讲内容：

1. 剖析女性眼中的优质聊天
2. 聊天开场及话题延续的具体操作

3 引导聊天方向及调整聊天心态的方法

4. 解读女性言语中的潜规则

学习目标：

在女性面前树立风趣幽默的形象，可以独立和女性达成互动。

第六讲　简单聊天实战解析

本讲内容：

1. 聊天实战案例讲解
2. 聊天实用技巧运用
3. 聊天中邀约女性的方法
4. 聊天中挑起女性情绪的操作及技巧

学习目标：

帮助你形成一套属于你自己的聊天风格，以达到让女性期待和你约会的目的。

第七讲　第一类约会（魔鬼之约）

本讲内容：

1. 第一类约会前期准备事项
2. 剖析约会中的女性心理，深度了解女性渴望的约会形式
3. 约会心态的调整
4. 约会开场及约会中亲密关系测试的学习和运用
5. 通过女性筛选测试的操作方法
6. 第一次约会结束后的操作方法

学习目标：

学会掌握约会主动权，在约会中树立良好印象，使女性渴望和你第二次约会。

第八讲　第二类约会（天使之约）

本讲内容：

1. 剖析第一类约会后的女性心理
2. 第二类约会的邀约方法和前期准备
3. 约会中调动女性情绪、推进关系的操作方法
4. 第二类约会中的注意事项
5. 确定两性关系及长期关系维护的操作方法
6. 二人世界私密空间的具体操作

学习目标：

推进两性关系，确定男女恋爱关系。

简单恋爱学官网